오십, 삶이 선생이다

오십, 삶이 선생이다

중년에 다시 시작하는 사랑, 일, 그리고 운명을 위하여

초 판 1쇄 2025년 01월 16일

지은이 조향연
펴낸이 류종렬

펴낸곳 미다스북스
본부장 임종익
편집장 이다경, 김가영
디자인 임인영, 윤가희
책임진행 김은진, 이예나, 김요섭, 안채원, 장민주

등록 2001년 3월 21일 제2001-000040호
주소 서울시 마포구 양화로 133 서교타워 711호
전화 02) 322-7802~3
팩스 02) 6007-1845
블로그 http://blog.naver.com/midasbooks
전자주소 midasbooks@hanmail.net
페이스북 https://www.facebook.com/midasbooks425
인스타그램 https://www.instagram.com/midasbooks

ISBN 979-11-7355-033-1 03190

값 19,500원

미다스북스는 다음세대에게 필요한 지혜와 교양을 생각합니다.

오십, 삶이 선생이다

중년에 다시 시작하는 사랑, 일, 그리고 운명을 위하여

조향연 지음

Life is
a Teacher

미다스북스

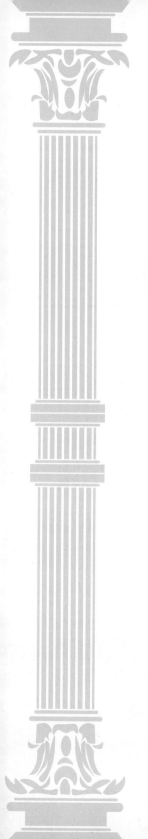

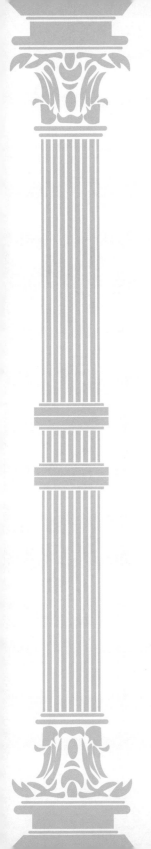

5 | 당신이 선생이다

미국 신시내티의 한 몬테소리 유치원 바깥 놀이 시간이었다. 비가 온 끝이라 날씨가 청명하고 유난히 하늘이 높은 여름이었다. 아이들은 삼삼오오 모여서 모래를 퍼 나르기도 하고 네 살짜리 꼬마는 미끄럼틀에 연신 올라가 타고 내려오기를 끝없이 반복하기도 했다. 당시 나는 미국 신시내티의 한 몬테소리 유치원에서 실습하고 있었다. 그날도 유쾌하게 노는 아이들의 소리에 귀 기울이며 아이들의 활동을 관찰하고 있었다. 그러다 세 명의 아이가 머리를 맞대고 무언가를 골똘히 보며 재잘거리는 모습을 발견했다. 나는 아이들에게 다가가 무슨 일인지 살펴보기로 했다. 아이들은 다가오는 나를 의식하고는 "worm~"이라고 하며 손바닥 위의 것을 보여주었다. 순간 나는 몸이 굳는 것을 느꼈다. '길고 터질 듯이 통통한 지렁이'였다. 얼굴에 미소 한가득 머금는 것을 잊지는 않았지만, 온몸에 소름이 돋는 것을 느꼈다. 나는 정지되어 있었다. 그것을 아는지 모르는지 아이들은 경외감에 찬 모습으로 지렁이를 관찰하느라 여념이 없었다.

내가 어렸을 때 지렁이를 대할 때하고는 사뭇 달랐다. 초등 몬테소리 동물학 시간에 지렁이를 배우기 때문에 형들과 함께하는 아이들은 지렁이에 대해서 알고 있었다. 그들은 지렁이가 다른 먹이가 많을 텐데도 오직 흙만을 먹는다는 것, 하루 만에 자기 몸 크기의 200배나 되는 흙을 쉴 새 없이 먹고 배설해 낸다는 것을 알고 있었다. 그리고 그 배설물들은 세상에서 가장 안전하고 깨끗한 비료가 되어 땅을 비옥하게 만든다는 것. 지렁이가 흙을 퍼 뒤집을 때 공기(질소, 산소)가 들어가 미생물이 이용할 수 있도록 돕는다는 사실 또한 알고 있었다. 내가 어렸을 때 친구들과 나한테 지렁이는 아무 쓸모없는 징그럽기 그지없는 벌레에 불과했다. 내 주위의 누구도 지렁이에 대해 가르쳐 주지 않았고 아는 사람도 없었다. 그러던 지렁이가 이 세상의 땅을 기름지게 만드는 땅의 노동자였다니….

30세가 넘도록 지렁이가 땅에 좋다 정도는 들었지만 크게 와닿지는 않았었다. 바로 그곳에서, 그 순간 비로소 깨닫게 된 것이다. 아이의 그 작은 손은 이 세상 어느 것도 다 태어난 이유가 있다는 것을 깨닫게 하려는, 우주가 내민 '보이지 않는 손'이었다.

세계적인 교육학자 마리아 몬테소리가 이야기한 것처럼 우리가 창조된 것은 자기 자신만을 위해서가 아니며, 그렇기에 우리는 홀로 진화하는 것도 아니다. 생명의 목적은 존재가 서로 조화를 이루고, 더 나은 세상을 창조하는 데에 있다. 결국, 우리는 세상을 단지 즐기기 위해서만이 아니라 이 우주를 진화시키기 위해 창조되었다. 이때부터 그들은 나에게 세상 만물의 존재이유를 진지하게 생각하게 만든 선생이 되었다. 정말이냐고 되물을 수도 있을 것이다. 맞다. 그때의 지렁이와 아이들은 되풀이되는 일상의 매너리즘 저 깊은 지하바닥에서 스스로 쓸모없음에 몸서리칠 때, 기꺼이 나를 밖으로 이끌어 내주는 선생이 되어주었다.

우리에게는 이렇게 삶을 생명으로 이끄는 선생이 있다. 그 선생은 때로는 지렁이로 분하여, 때로는 호기심과 경외심 가득한 눈으로 관찰하는 생명의 열정 덩어리, 아이들로 분하여 나를 그곳으로 이끈다. 이는 삶의 창조적 에너지이다. 우주 만물은 에너지의 장이다. 창조적인 생명 에너지는 만물을 움직이는 원리이자 궁극의 힘이다. 삶의 창조적 에너지는 생명을 지지하는 에너지이므로 나를 성장으로 이끌고 행복으로 이끄는 선생이다. 이러한 선생은 인생의 변곡점마다 출몰한다. 지금 나에게 선생은 누구인가?

우리는 코로나 팬데믹보다도 더 강력한 혁명적인 시대에 살고 있다. 그것은 바로 급격히 늘어난 수명이다. 전 세계적으로 대부분 사람이 100세 정도는 살게 된다고 한다. 그러면 우리의 노년은 80세부터 시작된다. 미국의 마우로 기엔 교수는 우리의 가족 구성도 핵가족에서 다시 대가족으로 변화하게 될 것이라고 말했다. 이미 미국에서는 실제로 벌어지고 있는 현상이라고 한다. 이제 부모가 유산을 물려주고 싶어도 수명이 늘어나는 바람에 물려줄 수가 없는 시대가 되었다. 유산을 상속받는 대신에, 4세대가 함께 살면서 미리 그 재산을 사용한다는 것이다. 이러한 사람들을 '퍼레니얼perennial'이라고 하였다, 피었다 지고 피었다 지는 다년생 식물을 뜻하는 말로 120세 시대를 맞아 여러 삶을 살 준비가 되어 있는 사람들을 일컫는 말이다. 이는 기존의 삶처럼 순차적 모형의 나이와 세대가 완전히 사라질 시대가 온다는 뜻이다.

이제 우리는 오래 살 각오를 해야 한다. 50세라면 적어도 앞으로 50년을 더 살아야 한다. 따라서 50대는 새롭게 태어날 준비를 해야 하는 시기인 것이다. 돌이켜보면 20대, 30대가 세상을 경험하느라 좌충우돌하며 겨우 홀로 독립을 할 수 있었던 시기였다면, 40대를 지나 50대부터는 내가 온전히 주관을 가지고 내 삶을 되돌아보고 다시 설계할 수 있는 때이다. 좋았든지 싫었든지 해 봤던 경험이 있다. 이것을 토대 삼아 내 주관을 가지고 구체적으로 실행해 볼 수 있는 삶의 결정권도 온전히 확보된 상태이다.

그러나 한편으로 이러한 조건이 오히려 부담되고 스트레스로 다가올 수 있는 것도 사실이다. '지금까지 힘들게 일했는데 또 그 짓을 해야 한다고?' 또는 '내가 해 놓은 게 없는데? 나는 실패자인가? 앞으로 어떻게 살아야 하지? 이게 맞는가?' 이러한 질문이 끝없이 반복되는 때이기도 하기 때문이다.

그러나 내가 성취했건 실패했건, 부자이건 가난하건, 결혼을 했건 안 했건 상관없다. 이제부터 나는 내 삶의 창조적 에너지의 주권자로서 내 안의 진짜 내가 선생을 따라 시작할 수 있는 마인드셋만 되면 된다. 이때부터 내가 진실로 살고 싶은 삶의 모습을 정의하고 새롭게 시작하면 되는 것이다. 이제 사람늘은 기본적으로 2개 이상의 커리어를 갖게 될 것이다. 지금부터 다시 진짜 꿈이 시작한다는 뜻이다. 그간의 시간을 통해 무엇이 준비되었고 무엇이 부족했었는지 알 수 있게 되었다. 그야말로 진정한 삶의 무기가 준비된 것이다. 실제 미국 켈로그 경영대학원의 연구에 따르면, 고속 성장

세에 놓인 기술 스타트업의 창업가 평균 연령은 45세이며, 50세인 창업가들은 30세 전후의 창업가들에 비해 사업에서 성공할 확률이 두 배 높다고 한다. 이는 지난 20~40대에 걸쳐 쌓은 경험과 노하우, 사람에 대한 통찰력 등이 큰 역할을 하기 때문이다.

이제 길어진 수명에 따라 선생은 삶의 곡선 굽이굽이마다 나타날 것이다. 나에게 문제를 내고 해답을 찾도록 독려할 것이다. 그리고 마침내 나만의 고유의 세계를 완성하도록 안내할 것이다. 그 선생을 잘 따르면 된다. 그 선생이 안내하는 그 세계는 삶이 예술이 되는 바로 그곳이다. 그곳에서 사랑하는 사람들과 함께 너울너울 춤출 수 있는 삶. 그 삶에 대해 함께 이야기 나누고 싶어 이 책을 쓰게 되었다.

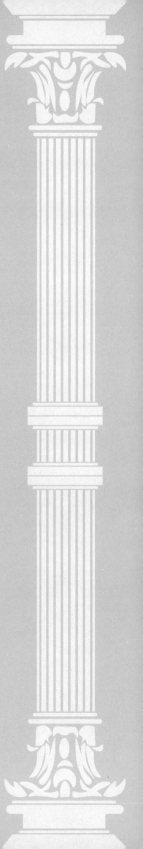

1

일이
선생이다

일은 무엇인가?

 "띠르르릉, 띠르르릉, 띠르르릉." 알람이 세 번째 울리고 있다. 얼른 일어나 출근 준비를 해야 하는데 몸이 안 움직인다. 아니, 마음이 '싫다'고 한다. 매일 아침 회사 가기 싫은 마음과 싸우고 있는 그녀는 47살 된 10년 차 교육회사원이다. 언제 회사를 그만두면 좋을지 때를 엿보고 있다. 그녀는 자신의 전공에 맞는 회사에 안정된 조건에서 다니고 있었다. 이 나라의 교육에 보탬이 되겠다는 의욕에 불타 밤새는 줄 모르고 일했고 그만큼 성과도 인정받아 부장까지 무난히 승진도 했다. 주변에서는 잘나가는 커리어우먼이라고 부러워했다. 하지만 정작 그녀 자신은 조직 안에서 자신의 입지가 좁아지는 것을 느꼈다. 의견을 낼 때마다 남자 간부들은 마치 동맹이라도 맺은 듯 무리 지어 비아냥거렸다. 내용보다는 숫자를 들이대며 수지타산만 따졌다. 그들은 시답지 않은 명목을 내세워 저녁마다 회식했는데, 회식한 다음 날은 뭔가가 달라져 있었다.
 부장까지 순탄대로를 달리던 그녀는 넘어설 수 없는 투명한 벽과 마주한 기분이 들었다. 실력보다는 라인이 중요하고 진정성보다는 정치가 판치는 조직의 생리는 그녀를 좌절케 했다. 그녀는 자신이 하는 일의 의미를 잃었고 영향력은 사그라들고 있었다. 그녀는 더 이상 중요한 존재가 아니었다. 주인의식을 가지고 일할 수 없다고 생각한 그녀는 회사가 하는 대로 무기력하게 자신을 내맡겼다. 그녀는 매너리즘에 빠졌고 마음은 사막처럼 황폐해져 갔다. 생계에서 자유롭지 못했지만 그럼에도 불구하고 그녀가 그 나이에 회사를 그만두려는 것은 자신의 존재감을 느낄 수 없었기 때문이었다. 그녀는 결국 책상 위에 사표를 올려놓고 회사를 떠났다.

우리에게 일(work)은 무엇인가? 도대체 무엇이기에 멀쩡한 회사에서 일을 하면서도 만족을 못 하고 고민하는 것일까? 스스로 밤새며 고생을 자처했다가도 매너리즘에 빠져 아무런 열정과 설렘을 느끼지 못하는가? 인간존재에게 일은 어떤 의미인가?

인간은 두뇌를 가진 직립보행을 하는 존재다. 직립보행은 두 손을 자유롭게 했다. 두 손을 사용해 높은 나무 타고 올라가 과일을 땄다. 돌멩이로 곡식을 빻고 뾰족한 나뭇가지를 찾아 물고기를 잡았다. 혼자서 안되면 사람을 모아 사냥을 나갔고, 집을 지었다. 이것뿐인가! 벽에 조각도 새기고 얼굴엔 색을 칠해 예쁘게 단장도 했다. 아름다운 꽃을 보면 꽃병에 꽂아 놓았고 밤하늘에 빛나는 별을 보며 시를 썼다. 인간은 두 손을 사용해 생계를 위해 부족한 걸 구했을 뿐만 아니라 영혼을 위로해 줄 아름다운 것을 창조했다. 일이란, 인간이 창조한 이 모든 행위를 일컫는다. 문명이 진화한 것도, 문화를 일으킨 것도, 모두 인간의 창조 행위, 일에서 비롯했다.

우리는 태어나면서부터 무엇인가를 끊임없이 만지작거리며 살았다. 아이를 관찰해 보면 일이 어떻게 전개되는지 알 수 있다. 갓 태어난 아기는 허공을 향해 손을 뻗어 휘젓기 시작한다. 엄마의 젖가슴뿐만 아니라 머리카락, 옷자락같이 손에 잡히는 것이 있으면 움켜쥐고 빨아본다. 손의 힘이 세지고 섬세해지면서 숟가락으로 두드려 보기도 하고 던져보기도 한다. 다양한 실험을 해보면서 색, 모양, 크기, 무게, 소리 등 성질을 알아가고 뇌에 저장한다. 이렇게 축적된 세상에 대한 인상들은 3세 정도 되면 구조화되고 체계화되어 자기만의 프레임을 형성한다. 그 프레임으로 아이는 세상을 파악하고 적응해 나간다.

그러나 여기서 끝이 아니다. 점점 환경에 대한 경험이 쌓이면서 아이는 새로운 변형을 시도한다. 기본질서를 익혔으니 이제 새로운 시도를 하는 것이다. 나무적목은 최고의 일감이다. 일렬로 늘어놓았던 나무적목을 탑처럼 위로도 쌓아본다. 쌓다가 부서지면 다시 쌓아본다. 만족될 때까지 반복한다. 이렇게 저렇게 다른 것과 섞어보면서 새로운 모양들을 만들어 본다. 도전과 시도를 멈추지 않는다. 일은 변형되고 확장된다.

'계속 쌓으면 탑이잖아. 이렇게 놓으면 와! 계단이 되네.', '네모 블록 위에 삼각뿔을 올리면 산이 되고….'

서로 다른 것이 어떻게 함께 어우러지는지 보고 느끼고 그 인상을 저장한다. '이번엔 이것으로 바꿔볼까? 저것과도 이어볼까? 어? 날개 달린 모자가 되었네.' 사고가 확장되고 창의적 상상력이 발휘된다. 손과 머리를 오가며 상상력은 새로운 시도로 이어진다. 아이는 누구나 일을 한다. 질서감, 독립심, 집중력, 심미감 같은 정신의 허기를 채우고, 감각을 세련화하고 협

능력, 근력을 키워 육체를 발달시킨다. 일을 통해 자신의 개성을 건설한다. 평생을 거쳐 아동교육을 실천했던 마리아 몬테소리가 발견한 진리는, '아이는 일을 통해 끊임없이 자기완성을 추구하는 존재'라는 것이다.

아이가 보여준 것처럼 일은 두뇌와 손의 협응을 통해 일어나는 활동이다. 이러한 활동을 통해 인간은 주어진 자연환경을 극복할 수 있었다. 바퀴벌레보다도 느리지만, 약을 만들어 퇴치했다. 벌의 침 같은 필살기가 없지만 양봉술을 개발해 벌의 꿀을 채취했다. 전체를 볼 수 있는 독수리의 눈도 가지지 못했지만, 드론을 만들어 하늘에 띄웠다. 비 온 뒤 파란 하늘에 솟은 무지개를 만들진 못하지만, 캔버스에 물감으로 색을 입혀 그려냈다. 주어진 환경에 순응하고 적응하는 데에서 만족하지 않는 존재, 끊임없이 창조자로서의 도전을 멈추지 않는 존재. 그것이 인간이다. 이러한 인간의 노력과 성장은 약 138억 년 동안 우주의 진화를 주도하던 우주지성을 인간지성이 대신하는 시대로 이끌었다.

원시시대부터 현 인류에 이르기까지 인간이 일을 하는 이유는 삶의 조건을 향상시키기 위해서였다. 우선 잘 먹고, 입고, 자는 일차원적인 욕구를 채우기 위해서였다. 더 나아가 글자를 만들거나 그림을 그리든, 하늘 높이 바벨탑을 세우거나 비행기를 만들든, 무언가를 창조하는 기쁨, 성취나 만족감을 얻기 위해서였다. 일은 인간의 존재 이유이며 존재 방식이다.

이제 내 나이가 50이라면 나의 존재이유와 존재방식에 대해 진지하게 생각해 보아야 한다. 지금까지 30년 넘게 일을 통해 삶의 기반을 어느 정도

쌓았다 하더라도 앞으로 50년을 어떻게 살아야 할지 준비해야 한다. 운이 좋게 한 직장에서 정년퇴직한다고 해도 마찬가지이다. 2개 이상의 커리어를 갖게 되는 시대에 살고 있다는 것을 자각해야 한다. 일과 나의 관계에 대해 되돌아볼 때이다. 그리고 진지하게 질문할 때이다. 창조적 도전자로서의 '나'를 세울 무대는 어디인가?

이 질문을 위해 먼저 생각해 봐야 할 것은 삶을 바라보는 방식이다. 우리 주변에는 꼭두새벽부터 밤늦게까지 쉴 새 없이 일하며 사는 사람이 있는가 하면 하루 종일 빈둥빈둥 하는 일 없이 사는 사람도 있다. 흔히 우리는 열심히 사는 사람이 잘살 수 있다고 생각한다. 그렇게 보고 듣고 자랐기 때문이다. 그런데 열심히 살던 사람도, 게으르게 살던 사람도 어느 날 문득 길을 잃고 만다. '내가 원하는 것이 아닌데…. 이렇게 사는 것이 맞나?' 하는 질문이 일어난다. 한 번도 자신의 선택을 의심해 본 적이 없고 선택한 것이 실패한 적이 없었던 사람도 예외 없이 딜레마에 빠지게 된다. 생각지도 못했던 상황이 벌어지고 모든 것이 달라져 있는 것이다. 영원할 것 같았던 사람도, 영원할 것 같았던 일터도 변한다는 것을 깨닫게 된다. 삶은 창조와 소멸을 반복하며 끊임없이 변화한다.

따라서 모든 가능성을 열어두고 직업을 바라보아야 한다. 삶을 고정된 것이 아닌 열린 우주의 창조놀이로 바라볼 때 기회를 만날 수 있다. 오감을 열고 직감을 사용할 때 생각지도 못한 계기가 마련되기도 하고 번뜩 머리를 스치듯 아이디어가 직관적으로 떠오르기도 한다. 종종 SNS를 통해 보듯이 최고의 인기가수로 살다가 전업주부가 되기도 하고, 이혼하고 우울함을 달래기 위해 그림을 그렸다가 화가로 인정받게 되기도 한다. 패션의류 디자이너와 구매 디렉터로 활동하다가 우연한 계기로 70세가 다 되어 유튜브 크리에이터로 나서기도 한다. 앞서 소개한 교육회사에서 존재감을 잃고 매너리즘에 빠져 퇴사한 47세 회사원은 50대에 부모교육 컨설턴트가 되었다. 미로처럼 하나의 문이 닫히면 다른 문이 열린다. 나의 의식과 무의식에 축적된 경험과 지식이 데이터가 되어 다양한 모습의 직업으로 나타나기도 하고 바뀌기도 하고 확장되기도 하는 것이다.

어떤 일을 하고 싶은지 스스로 질문하는 자에게는 길이 열린다. '왠지 모르겠지만, …인 것 같아!' 논리적으로 설명할 수는 없지만, 나의 내면에서 올라오는 확신이 있다. 이러한 자기확신을 갖고 나만의 고유세계, 나의 몫으로 남겨진 우주의 계획을 찾는 것이다. 마치 어렸을 적 보물찾기하듯이 우주가 마련한 보물을 채굴하는 일. 이것이 바로 직업이다. 세상을 열린 마음으로 바라본다면 이제부터 진짜 나만의 보물을 채굴하는 일을 시작할 수 있다. 일은 누구에게나 마련되어 있고 그 일은 나답게 살도록 마련된 행복으로 가는 통로이다.

"다시 일을 또 해야 한다고?" 반문하는 50대 자영업자의 부인은 고개를 절레절레 젓는다. 이젠 쉬고 싶다고, 안 하고 싶다고 한다. 나를 잊은 채 생계만을 위해, 자식 교육만을 위해 일을 했던 그녀에게 일은 노동 그 자체였다. 지금까지 생계를 위해 아등바등 살았다면 50대부터는 일의 의미가 달라져야 한다.

우리가 찾고자 하는 일은 노동이 아닌 창조놀이이다. 진짜 원해서 하는 것이 돈벌이가 되거나 명예가 되거나, 또는 사명이 되거나 깨달음이 되어 저마다의 행복이 되는 일이다. 자기만의 예약된 행로를 따라 걸어가 보자. 좌절하지 않고 당신이 원하던 그 삶으로의 한 발을 앞으로 내밀 때 운명은 조용히 길을 내어준다. 마치 우연을 가장한 필연처럼 접혀 있던 나의 우주가 펼쳐진다.

이제 일을 통해 나의 소중함을 느낄 때이다. 하늘의 뜻을 인식할 때이다. 꿈속으로만 그리고 원하는 것이 아니라 비로소 만지고 느낄 수 있는 생생한 삶을 살아야 할 지금이다.

일은 나의 존재이유를 찾아주는, 하늘이 보내준 고마운 선생이다.

일의 의미

일은 인간의 존재 이유이며 창조행위이다.

일의 변화와 도전

우리가 찾고자 하는 일은 노동이 아닌 창조놀이이다.

자기 발견

일은 나의 존재이유를 찾아주는, 하늘이 보내준 고마운 선생이다.

진정한 '나'를 찾는 여정

50대 중반의 배우 신애라는 연기보다 영아원 봉사나 컴패션 활동으로 더 바쁘다. 그녀는 한 인터뷰에서 자신에게 연기가 달란트(타고난 재능과 소명)인 줄 알았는데 아니었다고 했다. 배우로서 연기를 그렇게 좋아하거나 잘하는 편이 아니었다고 했다. 그보다도 자신의 재능은 아이를 사랑하는 마음이었더라고 했다. 그녀는 자기권리를 인정받지 못하고 학대받는 아이들에 대해 마음이 더 아팠고 깊은 연민을 느꼈다. 당대 최고의 청춘스타였던 신애라는 시간이 가면 갈수록 연기보다는 아이들에 대한 사랑을 어떻게 실천할 수 있을지 고민하게 되었다. 그녀의 활동은 단순한 봉사나 기부활동에서 그치지 않고 하나의 일이 되었다. 최근 그녀는 체리 기부플랫폼에서 '엔젤12'라는 단체에 참여해 홍보대사로 활동하고 있다. 미혼모, 위탁, 입양가정, 보육원, 보육원 시설 퇴소인, 학교 밖 청소년 지원 등 아동복지기관을 소개하고 후원자와 연결하는 사회사업을 활발히 추진 중이다. 그녀는 자신의 아이들뿐만 아니라 입양한 아이들도 잘 키우고 힘든 사람들을 돕는 일에 기쁨과 행복을 느낀다고 한다. 사람들은 흔히 재능을 돈하고만 연결하기 때문에 자기 재능이 무엇인지 발견하지 못하는 경우가 많다. 그런데 잘 생각해 보면 누구나 재능이 있고, 그 재능을 나눌 수 있는 일을 통해 타인과 세상에 도움을 줄 수 있을 때 삶의 활력과 에너지를 얻게 된다. 나아가 자신이 사는 이유, 곧 삶의 목적을 깨닫게 된다.

그렇다. 누구에게나 태어난 이유가 있다. 누구나 단순히 생존을 위한 삶 이상의 어떤 역할을 수행하는 가치 있는 존재라는 의미다. 삶에서 무엇인가를 하면서 깨닫고 얻어야 하는 과제가 있다. 그 과제를 완성해 가는 과정에서 존재이유와 행복을 느낀다. 우주가 마련한 보물을 찾게 되는 것이다. 그렇다면 어떻게 이러한 과제를 알고 수행할 수 있을까? 바로 일과 사랑을 통해서이다. 일과 사랑은 인간을 성장시키려는 우주의 도구이다.

인간은 일을 통해 자신을 찾아가는 과제를 수행할 수 있다. 처음부터 잘 찾을 수도 있지만, 배우 신애라처럼 연기자로 시작해서 중년이 되고 나서야 자신의 일을 제대로 만날 수도 있다. 한 가지의 일이 아니라 두세 개 이상 일을 하는 경우도 있다. 이렇듯 우주가 나에게 부여한 일, 즉 '나'의 일을 찾아 수행할 때, 인간은 자신을 발견하고 우주가 마련된 보물을 찾을 수가 있다. 그런데 이 보물은 사람마다 다 다르다. 인간에게 주어진 과제가 동일하지 않다는 의미이다. 예를 들어, 건물을 하나 지으려면 설계하는 사람, 설계도대로 현장에서 시공하는 사람, 시공하는 사람 중에서도 땅을 파는 사람, 기둥을 세우는 사람, 전기시설을 설치하는 사람이 있다. 목공, 도장, 타일 등도 사람마다 역할과 임무가 다르다. 인간이 만들었다고 믿기 힘든 위대한 건축물은 모두가 저마다의 과제를 충실하게 수행했기에 탄생할 수 있었다. 7가지 색이 각자 저마다의 색으로 빛날 때 아름다운 무지개를 꽃피울 수 있는 것처럼 말이다.

사람마다 역할과 임무가 다 다른 것은 지렁이나 소와 같은 동물과 달리 인간은 특정한 본능적 행위에 묶여 있지 않는 자유로운 존재이기 때문이다. 따라서 인간이 자신다운 일을 찾기 위해서는 먼저 자기이해를 해야 한다. 나는 무엇을 좋아하는지를 생각해 보고, 그중에서 무엇을 할 수 있는지를 알아야 한다. 하면 할수록 잘할 수 있는 것을 찾아야 한다. 마지막으로 왜 그것을 해야 하는지, 일의 당위성을 마련해야 한다. 달리 말하면, 그 일이 나와 세상을 위한 창조놀이인지 살펴보아야 한다. 이러한 진지한 사유 과정을 통해 무엇을 해야 할지를 찾아야 한다. 아무도 대신 찾아주는 사람이 없다. 오로지 자신의 과제다. 이제부터 자신다운 일을 찾기 위해 하나씩 이야기해 보기로 하자.

우선 자신의 일을 찾기 위해서는 이 일 저 일을 해볼 필요가 있다. 같은 직종이라도 이 업무, 저 업무를 경험해 보는 것이다. "우당탕탕" 도전하면서 실수도 해보고, 다시 수정하며 찾아가면 된다. 니체는 『짜라투스트라는 이렇게 말했다』에서 "춤추는 별 하나를 탄생시키기 위해 사람은 자신 속에 혼돈을 지니고 있어야 한다."라고 말했다. 세상 만물은 카오스에서 창조되었고 진정한 창조자가 되기 위해서는 끊임없이 기존의 낡은 것들을 파괴해야 한다.

　이런 과정을 통해 나를 들여다보며 이 일을 할 때 어땠는지 저 일을 할 때 어땠는지를 느껴 보고 생각해 봐야 한다. 내가 좋아한다고 직업으로 선택하면 어려워진다. 좋아하기만 한다면 취미이다. 취미가 일이 되면 오래지 않아 포기하게 된다. 따라서 첫째, 좋아하는 일들을 나열하고 둘째, 그중에서 내가 잘할 수 있는 일을 골라야 한다. 누구에게나 타고난 재능이 있다는 것을 믿어야 한다. 만약 모르겠다면 자신의 장점보다는 단점에 주목하기 때문이다. 단점에 주목하면 딜레마에 빠진다. '이래서 못하고, 저래서 안 된다'며 내가 할 수 있는 일이 없다고 생각한다. 눈이 가려지고 귀가 막힌다. 점점 엉뚱한 길로 접어든다.

　자신의 장점에 주목할 때, 나의 재능이 보인다. 자신의 잠재력을 믿고 가능성에 마음이 열려 있을 때 스쳐 지나가는 찰나도 놓치지 않고 이것이 기회임을 알아챈다. 시간 가는 줄 모르고 온몸이 부서지라 연습하는 내 모습에서, "김 대리, PT 정말 잘하던데!"라는 상사의 말에서, 책을 읽다가 마음에 꽂히는 단어에서, 우연히 봤던 유튜버의 브이로그에서, 혼자 떠난 여행길에서, 우리의 삶을 바꿀만한 절묘한 순간을 맞게 된다. 일을 찾고자 하는 자에게 우주는 만물을 통해 일의 표지를 보여준다.

　마지막으로 내가 왜 이 일을 해야 하는지 그 의미를 따져봐야 한다. 나도 좋지만, 세상에도 이로운 것이어야 한다. 일이 우주의 창조놀이에 부합되었을 때 우주는 그 일이 잘되도록 아낌없이 지원한다. 하면 할수록 사람들이 알아보고 지지한다. 함께 하겠다고 찾아오고 고객이 되고 팬이 된다. 반대로 자신의 쾌락과 이익만을 위해 악업을 선택한다면 이는 파괴놀이이다. 파괴놀이는 처음에는 문제없이 잘되는 것 같지만 오래가지 못하고 반드시 우주에서 퇴장당한다. 따라서 사회적 가치에 부합하는 일인지 여부는 일의 지속성에 매우 중요한 요건이다.

> 내가 좋아하는 일인가?
> 잘할 수 있는 일인가?
> 우주의 선한 창조놀이에 부합하는 일인가?

세 가지 요건에 부합한다면, 드디어 '나'의 일을 발견한 것이다. 만약 맞지 않는다면 전혀 새로운 시도를 해봐야 한다. '내가 10년 동안 공무원 일을 해왔는데…. 내가 성악 전공인데….' 오래 해왔다고, 시간과 노력을 많이 투자했다고 아까워서 붙들고 있다면 점점 불행해질 뿐이다.

하면 할수록 신나고 잘하는 창조놀이를 만났다면 그 의미를 깨닫고 자신의 과제를 수행하면 된다. 자신과 맞는 일을 찾아내는 것은 매우 중요하고 가치롭다. 자신의 일을 수행하는 과정이 곧 나를 완성해 가는 과정이기 때문이다. 인간은 일을 통해 자신을 찾고 삶의 목적을 깨닫는다.

인간은 일을 통해 자신을 찾고 삶의 목적을 깨닫는다.

보물찾기

스스로에게 질문하고 내면의 확신을 따를 때 길이 열린다.
- 내가 좋아하는 일인가?
- 잘할 수 있는 일인가?
- 우주의 선한 창조놀이에 부합하는 일인가?

우주의 계획

일은 우주가 준비한 보물과 만나는 과정이다.

경쟁에서 고유함으로

가을이 되면 사람들은 먼 길을 마다하지 않고 단풍 구경을 간다. 저마다의 색을 드러내며 아름다운 단풍으로 물드는 장관을 보기 위해서다. 색색의 단풍, 여기에 파란 가을하늘과 상쾌한 공기가 더해지면서 자연이 만들어 낸 예술 작품이 된다. 우리도 가을 단풍과 같을 때 삶이 예술이 된다. 저마다 자기다워지면서 함께 조화를 이루어나가는 삶이야말로 최고의 가치이며 삶의 행복이다. 경쟁은 눈 씻고 찾아볼래야 찾아볼 수가 없다. 저마다의 고유한 색은 무엇과도 비교할 수가 없다. 인간의 존엄성과 고유함은 이러한 자신다움에서 나온다.

중국의 철학자 노자의 핵심 사상은 부쟁(不爭)이다. 경쟁하지 않는 것이 도(道)다. 경쟁하지 않고 이기는 법은 자신다운 일을 하는 것이다. 하면 할수록 자신다워지는 방법은 나의 욕구를 뛰어넘어 순수한 욕망을 품는 것이다. 욕구는 결핍에서 나온다. 내가 부족하다고 생각하는 것은 채우고자 하는 것이 인간의 욕구이다. 이 욕구는 누구나 다 느낄 수 있는 것이다. 가장 인간다운 것이다. 그러므로 기본적인 욕구를 채우는 것으로는 경쟁에서 피할 수가 없다. 이 욕구를 더 깊이 파고들 필요가 있다. 그것이 욕망이다. 욕구를 발견하고 욕구를 충족하는 데서 끝나지 않고 더 잘하고 싶고 성장하고 싶은 것이 욕망이다. 욕망은 나만의 꿈이며 나만의 삶이다. 욕망은 에너지원이다. 이러한 욕망이 생기는 것은 인간이 자기완성을 추구하는 존재이기 때문이다. 이러한 순수한 욕망은 자신만의 일이 되고 자신만의 탁월함이 된다. 비로소 경쟁에서 자유로워질 수 있는 것이다.

자신만의 탁월함을 위해선 지식, 기술, 태도가 필요하다. 50대가 되면 그동안 공부하고 경험하면서 얻은 지식이나 기술이 꽤 많이 쌓였을 것이다. 그러나 지식이나 기술만으로는 고유함을 만들 수 없다. 그 분야에 대한 나의 태도가 고유함을 만든다. 지식과 기술이 밑그림이라면 태도는 채색이다. 태도를 어떻게 갖느냐는 그 사람만의 고유의 색을 입히는 작업이다. 우리는 경쟁하지 않기 위해, 차별화하기 위해 세상에 없는 전혀 다른 일을 해야 한다고 생각하는 경향이 있다. 그러나 그런 일을 찾는 것은 하늘의 별을 따는 일만큼이나 어렵다.

우리가 실제 경쟁하지 않고 나만의 욕망으로 고유한 일을 만들기 위해서는 태도가 중요하다. 태도는 유연한 사고와 변화에 대한 적응력에서 나온다. 이는 상대를 대할 때 취하는 몸의 동작이나 자세를 통해 드러나며 마음 씀씀이를 통해 우러난다. 어떤 일이나 상황이 생길 때마다 보여주는 그 사람의 입장을 통해 전해진다. 이러한 태도에 따라 하는 일은 질적으로 달라지기 시작한다. 태도는 자신의 일을 줌 인(Zoom In) 하여 세심하게 들여다보고 주의 깊게 살피는 '배려'라는 디테일로 표현된다. 이러한 디테일은 고유함을 만든다. 고유함은 같은 분야의 일을 하더라도 그 사람만의 브랜드가 된다.

우리가 맛집을 찾아가 보면 항상 느끼는 것이 있다. 그 집만의 고유한 분위기이다. 주인의 재료에 대한 태도, 음식에 대한 태도, 공간에 대한 태도, 사람에 대한 태도이다. 그것은 차별화를 만들어 낸다. 사람들은 그 맛을 느끼고 그 냄새를 느끼고, 공간을 느끼고 편안함을 느낀다. 그리고 그 집은 다르다고, 특별하다고 생각한다. 친구들과 만날 일이 있을 때, 회식할 일이 생길 때, 가족과 외식을 하려 할 때 그 집이 떠오른다. 통영에 가면 그런 집이 있다. 마치 집에서 먹는 집밥처럼 배고프다고, 맛있는 것 없냐고 투정 부릴 수 있는 집. 직접 담근 각종 장아찌 반찬이 있는 집. 맛있다고 궁금해하면 어떻게 담갔는지 레시피까지 알려주며 한 움큼 싸서 손에 들려주는 집. 먹으면 뼈가 되고 살이 되는 듯한 횟집이다. 허기라는 결핍을 채워주는 식당은 어디에나 있다. 그러나 배고픔을 채우고 난 후에도 마음속에 남아 있는 특별함은 바로 태도가 남다른 사람에게서 나온다.

요리연구가 백종원은 꺼져가는 골목상권에 생기를 불어넣은 인물이다. 그가 장사의 신이라고 불리는 이유는 그의 실력만이 아니다. 그가 가진 태도가 지금의 경지에 오르게 된 비결이라는 것은 두말할 여지가 없다. 한 대담프로에서 그는 욕심이 많은 것을 내려놓지 말라고 얘기하고 싶다고 한다. 다만 욕심을 이루려면 사람들과의 유대관계가 중요하다. 그러려면 사람이 착하든가 좋은 사람이어야 한다. 하지만 사람이 착해지거나 좋은 사람이 되기란 참 어렵다. 그래서 그는 '척하고 살자!'라고 한다. 그러면 사회가 재밌어질 거라고 생각한다. 착한 척, 좋은 사람인 척하는 사람과 전혀 노력하지 않고 되는대로 사는 사람은 천지 차이기 때문이다. 그래서 그는 앞으로도 '사회에 공헌하는 척'하는 삶으로 살겠다고 너스레웃음을 지었다.

장교로 복무했던 시절부터 군 식당을 맡아 운영했다는 그는 조리에 관심이 많았고 재능이 있었다. 그러나 그 역시 많은 실패와 좌절도 맛보았다. 현재 58살인 그는 외식 프랜차이즈사업으로 성공을 거두었고 TV, 넷플릭스, 유튜브 등 많은 대중매체를 통해 알려진 유명인사가 되었다. 그러나 지금도 요식업을 알리기 위해 불 앞에서 웍을 돌리며 몸으로 뛴다. 외식문화를 주도한다는 부담감보다는 일이 주는 재미가 더 크다는 그는 건강이 허락하는 한 75세까지 일을 하고 싶다고 한다. 바쁜 일정에도 전통주에 관심을 갖고 집에 증류시설도 갖추어 놓고 만드는 그는 끊임없이 궁금해하고 연구하는 태도를 가졌다. 전통주에 관심을 갖게 된 계기도 젊은 세대들이 전통주를 좋아하는 것을 보고 찾아보게 된 것이다. 배움에는 나이가 없다는 것을 그는 삶으로 보여준다.

태도는 깨달음이다. 앎을 실행으로 연마해 얻어지는 자신만의 깨달음이다. 이 깨달음은 시간을 필요로 한다. 적어도 10년 정도는 지나야 성숙한 직업에 대한 태도를 가질 수 있다. 30세에 창업하는 것보다 50세에 하는 것이 2배 이상 성공확률이 높은 이유이다. 칼릴 지브란의 시처럼 내가 하는 일에 대한 깨달음이 없는 일은 매일매일 눈뜬장님처럼 일을 하고 있는 것과 같다. 그리고 그 깨달음은 내가 일을 수행하면서 얻고자 하는 인생 과제이다. 일을 하는 이유이다. 깨달음은 인간이 추구하는 가장 높은 수준의 환희이며 기쁨이다. 일을 통해 우리는 탁월한 진짜 자기를 만난다.

일은 나를 나답게 만든다. 내가 가지고 태어난 색이 일에 대한 나의 태도와 섞이면서 더욱 빛나고 오묘해진다. 아무도 흉내 내거나 따라 할 수 없는 나만의 고유의 색을 발산한다. 이를 개성이라고 하며 다른 것과 대체될 수 없는 고유한 나만의 아우라를 만든다. 우주가 가장 반기는 것이 저마다 자신다워지는 일이다. 아름다운 우주를 위해 저마다 자신의 몫을 다하고 스스로 빛이 나기를 바란다.

지금까지 경쟁하는 일이었다면 이제는 달라져야 한다. 마음껏 욕망하고 탁월함을 위해 정성을 기울여야 한다. 지금까지의 지식과 경험 위에 이 한 끗이 필요하다. 이러한 태도의 차이가 고유한 자기다움을 만든다. 가장 자기다울 때 우리는 비로소 경쟁에서 자유로울 수 있다. 그것이 진짜 나의 일이며 나의 이름으로 사는 방법이다.

자기다움

경쟁하지 않고 자기 고유의 색을 찾는 것이 중요히다.

욕망과 성숙

순수한 욕망은 자신만의 탁월함을 이루는 에너지가 된다.

태도는 같은 일을 다르게 만들며, 나만의 브랜드를 창조한다.

움직여라, 일은 행동이다

"이봐! 해봤어?" 현대를 세계적인 그룹으로 이끈 정주영 회장이 직원들에게 항상 했다는 질문이다. 그는 '흙수저'로 태어나 막노동과 엿 가게, 쌀가게 직원으로 시작했다. 수많은 도전을 통해 이룬 그의 신화는 직접 몸으로 부딪쳐서 해낸 행동의 역사다. 자동차 수리공 출신에서 자동차를 만들고, 조선소 없이 배를 수주받아 조선소와 배를 동시에 만들었다. 이러한 행보가 놀라운 것은 모든 것이 불확실한 시대에서 추호의 흔들림 없이 추진해나간 그의 실행력 때문이다. 그뿐인가! 통일이 되어 고향인 북한 통천으로 돌아가서 남은 삶을 살고 싶다는 그의 열망은 소 떼 1,001마리를 이끌고 휴전선을 넘는 역사적인 이벤트를 벌이기도 했다. 83세 때의 일이다. 이러한 미친 실행력은 어디서 나오는 것일까? 그리고 우리는 왜 해보는 것이 어려운 것일까?

우리는 너무 많이 재고 따진다. 이익이 될 것인지, 손해가 될 것인지, 성공한다는 보장은 있는 것인지 등등 이렇게 따지다 보면 할 수 있는 것이 아무것도 없어진다. 이거야! 라고 해도 흔들리는 판에 이게 될까? 하는 마음으로 발을 살짝 담가 보는 식으로 시작하는 일이 잘 될 리가 없다. 의심과 확신의 에너지는 완전히 다른 결과를 가져온다는 것을 우리는 너무나 잘 알고 있다. 그러나 머리로 아는 것과 온 마음으로 믿는 것은 완전히 다른 이야기다. 끊임없이 의심하고 그 의심은 합리적인 분석과 판단이라는 변명을 늘어놓으며 뒤로 물러앉기 일쑤이다.

왜 우리는 해보기도 전에 의심부터 할까? 그것은 바로 하기 싫은 마음 때문이다. 그리고 그 마음은 잃을지도 모른다는 두려움에서 비롯된다. 사실 따져보면 더 잃을 것도 없는데도 말이다. 우리는 합리적인 판단의 근거로 기회비용이라고 하는 개념을 들이민다. 성공이 확실치도 않은 일을 하느라 다른 것을 할 기회를 놓친다는 것이다. 그러나 이러한 논리적이고 합리적인 생각은 스스로 나아가기를 멈추고 자리에 주저앉는 자신을 위한 위안거리일 뿐이다. 이러한 정확함, 논리성, 합리성을 따졌다면 오늘날 현대의 기적은 없었을 것이다.

새로운 일이나 안 해본 일은 본능적으로 경계하게 되고 불안을 느끼게 된다. 이는 낯선 것에 대한 자연스러운 생존본능에서 오는 반응이다. 그래서 사람들은 그럴듯한 논리를 대고 적당한 타협점을 찾는다. 모험은 그만큼 두렵기 때문이다. 시작하려는 사람은 많지만 제대로 뛰어드는 사람은 극히 적은 이유다. 그래서 이 두려움을 안고서도 앞으로 한 발 한 발 나아가는 용기를 가진 자만이 성취를 이룬다. 내가 직면한 문제는 들판에서 맞닥뜨린 사자와도 같다. 사자는 우리의 본능적 두려움을 불러일으키며 나를 위협하는 상황이고 이는 반드시 극복해야 할 일이다. 이 사자를 잘 다루기 위해서는 내공이 필요하다. 이 내공은 어디에서 나오는 것일까? 정주영 회장은 이렇게 말했다.

> "나는 무슨 일을 시작하든 '된다는 확신 90퍼센트'와 '반드시 되게 할 수 있다는 자신감 10퍼센트' 외에 안 될 수도 있다는 불안은 단 1퍼센트도 갖지 않는다."
>
> 『시련은 있어도 실패는 없다』 중에서

도전할 수 있는 용기는 믿음에서 나온다. 믿음은 자신의 내면 깊은 곳에서 나오는 긍정적인 파워 에너지다. 믿음이라는 내적 덕목은 일상의 삶에서 오랜 시간 다져진 저력이다. 당장 갖고 싶은 자신의 욕구를 조절하면서 고통을 인내할 수 있는 힘, 한 가지 목표에 에너지를 모을 수 있는 집중력, 스스로 해내겠다고 하는 독립심, 자신의 몸과 마음을 잘 다룰 수 있는 경험을 통해 얻게 된 자기 효능감, 그리고 이 일을 해야 하는 명확한 이유이다. 이것이 도전할 수 있는 에너지원이다.

정주영 회장의 신화는 삶이 위기를 맞을수록 더욱 강해지고 성장한다는 의미의 안티프레질의 삶을 보여준다. 온실 속의 화초가 안타까운 것은 세상에 내놓는 순간 무너질 것이기 때문이다. 안정과 편안함을 추구하며 기존의 생각과 행동만을 유지하려는 사람은 실패할 수밖에 없다. 세상은 끊임없이 변화하며 새로운 것이 창조되는 거대한 장이기 때문이다. '시련은 있어도 실패는 없다'고 한 그의 메시지처럼 그의 이러한 믿음은 성공으로 가는 가장 근본적인 파워에너지이다.

우리는 모두 내 안에 이러한 도전과 끈기, 열정을 가지고 있다. 그리고 이 모든 것은 내가 원하는 삶에 대한 열망에서 온다. 열망은 작은 하나의 행동에서 출발한다. 그 출발은 그냥 해보는 것이다.

아이가 첫발을 떼던 그 순간을 기억하는가? 그 장면을 떠올려 보자. 바닥을 기기만 하던 아이에게 어느 날 기적이 일어났다. 한 칸 한 칸 서랍장 문고리를 움켜잡고는 일어서는 것이 아닌가! 겨우 두 발로 버티고 서서는 천천히 손을 놓아보던 그 순간 아이는 '섰다'는 그 기쁨에 두 손을 쳐들고 "아~하!" 소리를 질렀다. 일단 스스로의 힘으로 섰다는 것은 '걷기'라는 열망을 향한 실질적인 출발을 했다는 것이다. 설령 다시 엉덩방아를 찧고 넘어지더라도 아이는 다시 문고리를 잡고 일어선다. 일어섰던 경험이 있기 때문이다. 이제 일어서는 것은 더 이상 두려움이 아니다. 넘어지면 다시 일어서는 방법을 알게 된 것이다. 자신이 일어설 수 있다는 경험은 그에게 자신의 능력에 대한 효능감을 준다. 즉 자신을 믿는 힘이 생긴다.

일어선 순간 그 아이는 놀랍게도 다음 수순을 밟기 시작한다. 아이는 다음으로 예정된 행로를 따라 첫발을 내딛는다. 첫발을 내딛고 다시 중심을 잡고 다시 다음 발을 내디딘다. 중심을 잃고 넘어지더라도 일어섰던 경험이 있기에, 다시 서는 것은 어려운 일이 아니다. 그렇게 되면 이제 첫발을 내딛는 것은 더 이상 도전이 아니다. 왼발 오른발, 왼발 오른발 내딛기 시작하면서 마침내 아이는 걷게 된다. 걷게 된 아이는 여기서 멈추지 않는다.

높은 곳을 올라가 보고 싶어 한다. 아이는 서슴없이 계단을 올라가 보고 내려가 보고 제자리에서 깡충깡충 뛰어본다. 처음부터 두 발이 같이 뛰어지지 않을지라도 두려워하지 않는다. 다시 뛰어보면 결국 뛸 수 있게 된다는 것을 몸으로 배웠기 때문이다. 이제 걷기 위해 주의하고 의식하지 않아도 된다. 몸에 체화된 걷기는 무의식 차원으로 옮겨 간 것이다. 다음은 달리기다. 이렇게 아이는 끊임없이 한계에 도전한다. 그렇다면 달리는 아이는 무엇을 꿈꿀까? 날고 싶어 한다. 비행기가 이렇게 발명되었다. 드디어 우리는 자유로운 인간이 되었다.

우리는 수시로 아이로 돌아가야 한다. 아이같이 바보 같은 선택을 할 필요가 있다. 바보는 모든 것에서 자유롭다. 벼랑 끝에 서 있지만 당장 새처럼 날아오를 수 있다고 생각한다. 두려움을 모른다. 무겁게 나를 짓누르는 거추장스러운 허세는 하나도 없다. 오직 원하고 바라는 나만의 욕망을 향해 날아오를 것을 조금도 의심하지 않는다. 천사들이 받쳐줄 것이라 믿기 때문이다. 등 뒤에 빛나는 태양은 그가 어디에서 왔고 어디로 갈지를 명확히 알고 길을 드러내 보여줄 것이다. 삶에 대한 순수한 열정, 이상을 실천하려는 과감한 뛰어들기는 우리의 가슴을 설레게 한다. 한계 짓지 않는 그의 자유로움은 신선한 자신만의 길을 열어갈 것이다.

우리가 자신으로부터 자유로워질 때가 진정한 자유이며 행복임을 바보는 말해준다. 무엇에도 한계를 두지 않고 넘나들며 자신의 동경을 실천적 삶으로 옮길 수 있는 그는 바로 니체가 말하는 위버멘쉬이다.

니체는 "그대들이 의욕하는 바를 언제든 행하라. 하지만 그보다 먼저 의욕할 수 있는 자가 되어라."라고 말했다. 논리성, 정확함, 편리성 따위는 잊어버려라. 직관을 믿고 오직 열정과 충동에 충실하라. 직관은 보이지 않는 것을 보는 힘이다. 감각적으로 직접 사물을 파악할 수 있는 능력을 말한다. 이 세상은 인간의 머리로만 알 수 있는 것이 아니다. 오감을 활짝 열고 민감하게 새로운 것을 느껴라. 오픈 마인드 된 육감으로써 직관을 사용하라. 내면의 부름에 귀 기울여라. 새로운 세계는 그러한 방식으로 당신을 향해 문을 활짝 열어젖힐 것이다. 믿어라, 당신의 태양을. 당신의 열망과 지적 추구는 당신을 원하는 그 지점으로 이끄는 창조적 에너지이다.

별을 향해 뛰어오르면 내가 별이 된다. 그러나 한순간 '내가 진짜 별이 될 수 있을까?' 하는 의심을 품으면 깊은 낭떠러지 밑으로 추락하게 된다. 우리는 날마다 원하고 날마다 의심한다. 기억하라! 우리에게는 아무것도 못하고 누워만 있었던 갓난아기 시절이 있었다. 그런 아기가 지금은 비행기를 타고 날아다닌다. 앞으로 우주선 타고 우주여행도 하게 될 것이다. 자신을 믿지 못할 이유가 무엇인가! 나다운 욕망을 가지고 나만의 일을 성취하는 출발은 오늘 지금 여기서 그냥 '해보는 것'이다. 우리 모두는 그런 힘을 가지고 태어났다. 다만 잊고 있었을 뿐이다.

자신을 믿어라! 그리고 행동하라! 일이 선생이다.

믿음은 성공으로 가는 가장 근본적인 파워에너지이다.

해보는 것에서부터 새로운 변화와 기회가 시작된다.

나만의 일을 찾는 출발은 아이처럼 그냥 해보는 것이다.

미쳐야 그곳에 미친다

　장 지오노의 소설 『나무를 심은 사람』은 양치기이며 농부인 엘제아르 부피에의 이야기이다. 프랑스 남부 생명이 빛을 잃은 헐벗은 땅에서 고립감에 벗어나지 못하고 빼앗고 뺏기며 서로를 미워하며 사는 마을 사람들. 끔찍한 현실 앞에 무너진 사람들. 마을 사람들이 떠났지만 엘제아르 부피에는 이 황무지인 마을에 남아 수십 년 동안 홀로 묵묵히 씨앗을 고르고 한 그루 한 그루 나무를 심었다. 그리고 그가 심은 나무들은 마침내 숲을 이루었고 시냇물을 다시 흐르게 했다. 사람들을 변화시켰으며 마을을 바꾸어 놓았다. 누구나 살고 싶은 곳으로 바뀐 것이다. 한 사람의 노력과 헌신이 보여주는 희망의 위대함에 대한 이야기이다. 그는 세속과는 상관없이 자신의 길 위에서 행복했다. 이 이야기는 애니메이션으로도 제작되어 전 세계 사람들에게 큰 감동을 주었다. 한 인간의 삶을 통해 '성(誠)'이란 것의 실체를 느낄 수 있었기 때문이다.

　인생 장년의 시기는 '성'이 필요한 시기다. 정성을 다해 자신이 하고 있는 일을 챙겨야 한다. 자신이 하는 일에 온전히 집중해야 한다. 그러나 우리는 한시도 가만히 있지 못하게 하는 분초사회에 살고 있다. 시시각각 쏟아지는 온갖 정보에 쫓기며 나와 마주하는 시간조차 내어줄 여유가 없는 현대인들이다. 매일이 불안하고 언제 이 일이 이루어질지 조바심이 난다. 홀로 가야 하는 이 길이 외롭다. 지금 우리는 그를 만나야 한다.

우리 동네에 1년 넘게 방치되어 있던 집이 있었다. 을씨년스러워 언제나 지으려나 오고 갈 때마다 눈살이 찌푸려졌었다. 그러던 어느 날 건물을 짓기로 했는지 집을 무너뜨리고 집터를 정비하는 공사가 진행되었다. 그러나 공사는 바로 진행되지 않았다. 또 몇 달이 지났다. 사람들은 보기 싫은 폐가가 없어져 속이 시원하기는 했지만, 공사가 바로 진행되지 않아 답답해했다. 그렇게 그해 겨울이 지났다. 그러던 중 현장 사람들이 보이기 시작했다. 살펴보고 측정하고 하는 것 같았다. 공사 현장 방음벽도 깔끔하게 세워졌고 안내판도 정갈하게 붙었다. 공사는 차근차근 진행되었다. 지게차 등 공사 트럭들이 오고 갔지만 어수선하지 않았다. 작은 공사 현장인데도 전용 화장실도 세워져 있었다. 인부들이 오가지만 큰 소리 한번 들리지 않고 움직였다. 하루하루 착오 없이 공사가 진행되었다. 방음벽도 더 높아져 갔지만, 일반적인 다세대주택을 지을 때 봤던 허술한 가벽이 아니라 꼼꼼하게 막혀져 있었다. 주변 정리도 항상 말끔하게 되어 있고, 인근 주변 거주인들에게 일일이 양해도 구했다.

한 달이 지나고 두 달이 지나고 건물은 콘크리트 작업 등을 하면서 점점 높아져 갔다. 골목 모퉁이의 넓지 않은 평수에 5층을 올린다는데 어떤 건물이 나올지 궁금해졌다. 사람들이 오고 가며 힐끔거렸다. 공사장 안쪽도 들여다보고 하면서 관심을 보였다. 공교롭게도 얼마 떨어지지 않은 자리에 지어지고 있는 공사 현장과는 너무도 다른 모습이기 때문이었다. 많은 사람이 공사가 참 질서 있고 안정되게 진행된다는 것을 느끼고 있었다. 근처 사는 동생이 집에 놀러 왔다가 공사 현장을 보더니 안내판 사진을 찍었다. 시행사가 어디인지 궁금했던 것이다. 건물 지을 때 연락을 해 봐야겠다는 것이다. 시행사가 홍보를 한 것이 아닌데 그 공사과정을 지켜보는 주민들은 공사를 참 정성스럽게 한다고 생각하게 되었다. 그리고 자발적으로 나서서 이리저리 소문을 내기 시작했다.

아직도 공사는 진행 중이다. 그러나 '하나를 보면 열을 안다'고 하지 않던가. 공사 현장의 모습은 그들의 일하는 방식을 여과 없이 그대로 보여준다. 사람들은 안 보는 것 같지만 다 보고 있다. 성심을 다해서 하고 있는지 이익만을 위해 서두르는지 말이다. 기적 같은 성취로만 평가되는 세상에서는 특별한 일이 아닐지 모른다. 하지만 이 공사 현장을 보면서 성심으로 일한다는 것이 어떤 모습이며 그들이 어떤 태도로 그 일을 하고 있는지 알 수 있었다. 그리고 어떤 결과를 가져올지도 예측할 수 있었다. 일은 '성'이다. 이것이 최선의 전략이다.

정진하는 그 길 위에 열정과 창의성이 피어난다. 실천을 통해 진정한 삶의 주인이 되어 삶의 성취를 얻게 된다. 이러한 삶의 방식을 통해 깨달음을 얻은 자는 같은 길을 걸어오고 있는 후배나 동료들에게 사려 깊은 멘토가 된다. '성'을 다하기 위해 우리는 때때로 고독을 자처해야 한다. 타인과의 소통을 자제하고 내면에 집중하며 성찰의 시간을 보내야 한다. 자신의 지난 시간을 되돌아봄으로써 앞으로 나아갈 이유와 열정을 얻게 될 것이기 때문이다. 고독은 외로움과는 구별된다. 스스로 선택하는 명상과 사색의 시간은 주도적인 삶의 주체로서 온전히 나를 홀로 설 수 있게 한다.

잔꾀는 금물이다. 얼마 못 가서 스스로 자신의 발등을 찍을 수 있기 때문이다. 이제 선택한 일에 '성'을 다하라. 일에 미쳐야 원하는 그곳에 미칠 수 있다.

일은 나를 나답게 수련시키는 현장의 선생이다.

성(誠)의 가치

정성을 다하는 일이야말로 삶을 바꾸는 가장 강력한 전략이다.

집중과 수련

한 가지 일에 집중하며 자신만의 태도를 다듬어야 한다.

시간 관리가 아니라 에너지 관리

인생을 살면 살수록 가장 아까운 것이 시간이라는 것을 절감한다. 철없던 시절에는 시간이 마르지 않는 샘물처럼 느껴졌다. 있는 것이 시간이었다. 시간은 노력하지 않아도 이미 가지고 있는 것이었다. 시간을 허비하거나 시간을 돈으로 바꾸는 일도 서슴지 않고 했다. 내 시간을 내주는 것에 아무런 저항도 느끼지 않았다. 그런데 언젠가부터 시간이 금이 되기 시작했다. 그 시점은 사람마다 다를 것이다. 아니다. 시점의 문제라기보다는 삶에 대한 의미를 깨닫기 시작한 이후부터라는 것이 정확한 표현일 것이다.

나를 발견하고 살아야 할 이유를 찾게 되면, 시간이 소중해진다. 하루가 24시간이라는 것이 너무 짧게 느껴진다. 하고 싶은 것이 생기고 이를 위해 준비할 것들이 많아지는데 시간은 한정되어 있는 것이다. '너무 늦게 시작했다.' 이런 생각이 들면 시간에 쫓기기 시작한다. 점점 사회는 분초를 다투며 변화하는데 나의 속도는 이를 따라잡지 못한다. 이렇게 하다가는 하고 싶은 일을 이룰 수 없다는 조바심이 생기기 시작한다. 시간을 아껴 쓸 수 있는 방법을 고심하기 시작한다. 여기저기 효율적인 시간 관리법을 찾아보며 시간을 아껴 쓸 수 있는 방법을 적용해 보기 시작한다. 매번 선택하느라 시간을 낭비하고 있다는 것이 자각되고 작은 습관들부터 시작해 루틴을 만들어나간다. 루틴은 선택하는 시간을 줄여준다. 뇌의 메커니즘에도 관심을 갖게 된다. 시간을 잘 활용할 수 있기 위해서이다. 뇌에 대해 잘 이해해야 효과적인 환경으로 세팅하여 시간을 줄일 수 있다. 그런데 시간에 집착하면 할수록 시간은 점점 더 빨리 달아난다. 움켜쥔 모래처럼 손가락 사이로 새어나간다.

시간을 늘릴 수가 없다는 사실은 3차원에서 살고 있는 인간의 실존적인 한계이다. 그토록 넉넉하게 느껴졌던 시간이 너무 빨리 소비되고 있다고 느끼게 된 것은 삶의 의미 있는 변화이기도 하다. 다시 20대, 30대로 돌아가고 싶지는 않지만 50대 끝머리에 들어서니 시간이 얼마 남지 않았다는 조바심과 싸우며 솔루션을 찾느라 바쁜 시간을 보내게 된다. 시간을 허비했다는 후회와 절망 사이에서도 삶에 대한 새로운 자각이 주는 희망이 피어났지만 새로운 시작을 결정하는 동안 시간은 또 그렇게 흘러간다.

하루 24시간을 늘릴 수 없다면 시간을 압축시켜보자. Zip 파일을 만드는 것처럼 시간을 압축할 수 있는 방법은 바로 에너지 관리. 자신의 에너지를 파워로 쓰면 시간을 뛰어넘을 수가 있다. 주어진 시간이라는 한계를 뛰어넘어 차원을 상승할 수 있다. 우리는 많은 시간을 부정적인 에너지로 소비한다. 즉 욕심을 부리다가 시간을 허비하고 상대를 질투하느라 시간을 놓치고, 자존심 부리느라 시간을 날려버린다. 무기력은 어떠한가? 죄책감은 어떠한가? 이러한 부정적인 포스에너지로 하루를, 이틀을, 한 달을 하염없이 시간을 흘려보내고 있는 것이다. 시간을 흘려보내고 있는 동안 기회는 사라지고 성장은 점점 뒤편으로 밀려난다. 판단력이 흐려지고 선택을 하는 것이 어려워진다. 갈등하고 번민하느라 아무것도 결정할 수가 없다. 생각은 행동을 막는 장애물이다. 생각이 많으면 행동할 수가 없다. 행동하지 않으면 아무것도 변하지 않는다. 같은 생각과 감정, 행동으로 엮어진 과거의 알고리즘에서 벗어나지 못한다. 변화는 없고 고통의 굴레는 점점 더 단단히 나를 옭아맨다.

시간의 굴레를 벗어나기 위해서는 세계적인 영적 지도자 데이비스 호킨스가 말한 대로 포스에너지(Force Energy)를 파워에너지(Power Energy)로 대체해야 한다. 파워에너지는 긍정적 에너지다. 파워에너지는 깨달음, 평화, 기쁨, 사랑, 이성, 포용, 자발성, 용기 같은 것이다. 반면에 포스에너지는 부정적 에너지다. 강제에너지이다. 포스에너지는 자존심, 분노, 욕망, 두려움, 슬픔, 죄의식, 무기력 같은 에너지를 말한다.

파워에너지는 포스에너지를 압도한다. 생명 자체의 에너지에 정렬되어 있기 때문이다. 두려움 같은 포스에너지로 위축되어 있다면 사랑의 파워에너지는 이를 치유한다. 슬픔과 무기력은 생명을 저지하지만, 용기와 자발성은 앞으로 나아가게 한다. 자신뿐만 아니라 타인에게 생명력을 전파하는 파워에너지는 강력하다.

데이비스 호킨스는 의식지도를 통해 다양한 의식 수준이 세상에 존재한다는 것을 과학적으로 증명하였다. 다양한 의식 선상의 에너지장이 존재한다는 사실은 다양한 사회적 현상을 설명한다. 각 에너지장에 해당되는 의식 수준이 다른 사람들 간에는 끊임없이 논쟁이 일어난다. 사회적 관계인 동료나 사업 파트너뿐만 아니라 사랑하는 연인, 가족, 친구 관계에서도 마찬가지이다. 저마다 자신의 의식 수준으로 세상을 바라보기 때문이다.

따라서 포스에너지에서 파워에너지로 전환되는 순간 모든 것이 달라진다. 같은 시공간의 같은 상황이 다른 시공간의 다른 상황이 되는 것이다. 이러한 에너지는 인격의 성장, 삶의 진화, 차원 상승을 가져올 뿐만 아니라 시간을 압축하는 효과가 있다. 같은 지구에 살고 있더라도 시간의 제약을 뛰어넘는 삶을 살 수 있다. 이는 시간혁명이다. 에너지를 파워에너지로 관리한다는 것은 과거에서 미래로의 순간이동이다. 반복되는 생각, 감정, 행동에서 벗어나 새로운 생각, 감정, 행동을 통해 자신을 변화시키는 강력한 효과를 가진 방법이다. 시간에 연연해 쫓기듯 살던 삶과는 완전히 다른 차원의 삶이다.

인간이 가지고 태어나는 성질은 잘 안 바뀐다. 이를 우리는 기질이라고 했다. 이 기질 안에 긍정적인 에너지와 부정적인 에너지가 있다. 일종의 장점과 단점이다. 이러한 기질적 특성은 30대 중반까지를 이끄는 주요한 에너지이다. 그러나 어느 날 문득 이렇게 사는 것이 맞나? 무슨 일을 해야 하지? 나는 누구이지? 하는 근본질문이 들기 시작한다. 이때부터 본격적인 나다움에 대한 고민이 시작된다. 타고난 기질과 환경을 통해 경험하고 배운 지식, 정서, 건강상태 등을 가지고 자신을 인식하는 순간을 맞게 되는 것이다. 내가 태어난 이유에 대한 진지하고 근본적인 사유가 본격적으로 시작된다. 이러한 사유를 통해 자신의 삶의 방향과 지표를 세우는 일이 가장 근본적인 삶의 과제인 것이다.

유전되고 상속받은 자신이 타고난 기질, 즉 무의식의 에너지를 잘 이해하고 수용해야 한다. 이러한 이해를 바탕으로 의식적인 의도와 의지를 통해 자신이 가지고 있는 무한한 잠재에너지가 시너지를 발휘하게 된다. 자신의 힘을 더욱 잘 발휘할 수 있게 되고 행복과 평화 그리고 성취가 이루어진다. 이때의 삶은 완전한 자기다움의 삶이다. 분석심리학자 칼 융은 의식과 무의식을 합쳐 '자기'라고 정의했다. 따라서 자기실현은 자아실현과 구분된다. 자아실현은 자아라는 의식 차원에서 자신의 의지라든지 신념을 가지고 성취해 나가는 걸 의미한다. 자아의 의식 차원에서의 에너지만으로 이루는 삶의 파워는 무의식의 힘을 함께 쓰는 자기실현의 파워와는 그 격차가 크다. 자아실현이 부분적이라면 자기실현은 전체적이다.

누구나 자기실현을 꿈꾼다. 그리고 그 자기실현은 꿈이기 때문에 미래의 일이라고 생각한다. 미래로 미뤄두고 결핍된 채 오늘을 살아간다. 결핍은 자기를 극복하려는 동기가 되기도 하지만, 대부분의 경우 불안과 두려움, 초초함, 그리고 질투와 시기, 무력감을 끌어들인다. 모두 나를 파괴로 이끄는 포스에너지이다. 시간을 잡아먹는 부정적인 에너지이다.

그런데 자기실현은 내 안에 잠재되어 있는 이러한 부정적인 에너지도 다 허용하고 놓아버림으로써 의식과 무의식이 모두 나답게 승화되는 삶이다. 그래서 내가 모르는 내 안에 잠재되어 있는 나까지 살펴 온전한 자기로서 살아나갈 수 있게 된다. 즉 우주 에너지와 진동하며 끌어다 쓰면서 사는 삶을 의미한다. 이것이 인간과 경쟁하지 않고 우주와 함께 하는 삶이다.

우주와 함께 하는 삶이라고 하면 너무 거창한 일인 것 같지만 사실은 아주 간단하다. 당신은 단 한 사람만 잘 대해주면 된다. 바로 '나'이다. 이는 '인간본성' 자체이다. 멀티제너레이션 시대에 우리가 함께 어울려 일하고 성취를 낼 수 있기 위해서는 바로 인간본성 그 자체에 대한 성숙이 있지 않으면 안 된다. 누구와도 어울릴 수 있는 힘, 그러면서 휩쓸리지 않고 자기다움을 잃지 않을 수 있는 힘은 인간이 가진 본성 그 자체를 품격 있게 다듬을 때 얻게 된다. 끊임없이 배우고 자신을 들여다보며 자기 생각을 점검하고, 감정을 다스리며, 행동을 살피는 일이 에너지를 관리하는 일이다. 에너지가 곧 인격이다. 진정한 성공은 긍정의 파워 에너지를 잘 유지하고 단계들을 잘 따르는 것의 자동적인 결과값이다. 에너지가 바뀌면 인생이 바뀐다.

에너지 관리는 나의 성질을 성품으로 격상시키는 진정한 선생이다.

에너지 관리

시간의 한계를 뛰어넘을 수 있는 방법은 에너지관리이다.

의식 성장

파워 에너지는 삶의 진화를 이끌고 시간을 압축하는 힘이 있다.

자기관리

에너지가 바뀌면 인생이 바뀐다.

자기실현은 현재 진행형

K-pop을 세계적인 주류로 만들어 낼 수 있었던 주역 중에 한 사람이 박진영이다. 그는 가수로서뿐만 아니라 JYP엔터테인먼트를 운영하면서 많은 후배를 양성하고 있다. 그 역시 지금도 노래를 만들고 노래를 하고 있는 현역이기도 하다. 그의 삶은 많은 사람에게 성공스토리로 회자되고 있다. 그는 한 인터뷰에서 에너지의 작용에 관해 이야기한 적이 있다. 그는 내가 사는 이유, 즉 '왜?'라는 질문에 대한 해답을 찾고 나니까 사는데 에너지가 하나도 안 든다고 한다. 매일 아침 아무 고민이 없는 게 너무 좋다고 한다. 눈떠서 내가 하는 일은 매일 똑같다. 그는 아무 헷갈리는 것도 없고 질문도 없다. 내가 왜 노래를 하는지? 내가 왜 춤을 추는지? 내가 왜 이 일을 하는지를 알기 때문이다. 이러한 단순함이 10년째 이어져 오면서 그는 단순함에서 오는 행복과 여유를 느끼게 되었다.

그가 '왜?'라는 질문에 대한 답을 찾게 되었을 때 의식 수준은 깨달음의 에너지이다. 스스로 삶의 존재이유를 찾은 것이다. 이제 그는 평안함, 안정감, 포용 등의 파워에너지를 유지할 수 있다. 파워에너지는 불안, 초조, 두려움, 슬픔 등과 같은 부정적 에너지를 상쇄한다. 애쓰지 않아도 된다. 그는 생기가 넘치며 자유롭다.

나에게 창조해 낼 수 있는 힘이 있음을 믿어야 한다. 우주는 내가 원하고 상상하는 것보다 더 좋은 걸 가져다준다는 믿음이다. 이러한 믿음을 가지고 현실에서 만나는 상황을 대해야 한다. 내가 노력한 에너지는 어디로 도망가지 않는다. 보존되고 저장되었다가 때가 되면 기회나 성취로 현실 창조된다. 선한 의도로 하는 우리의 선택은 반드시 보상을 받게 되어 있다. 그 보상도 내가 원하는 것보다 더 클 것이라는 것을 믿으면 된다. 이러한 믿음을 갖는 순간 지금 당면한 일이나 상황을 대하는 나의 태도가 완전히 달라진다. 지금 여기가 나의 자기실현의 장이 된다.

그러나 우리는 이러한 우주의 법칙을 알면서도 미래를 의심하고 불안해한다. 그러다가 대부분은 포기하고 만다. 그 원인은 어디서 오는 것일까? 그리고 이를 극복하기 위해서는 어떻게 하면 좋을까?

믿음은 내가 경험한 것에서 나온다. 다시 말해 과거의 기억을 통해서 생긴 것이다. 이렇게 했더니 이렇게 됐어. 그걸 믿는 것이다. 그런데 자기가 원하는 삶, '나는 이렇게 살고 싶어!'라고 하는 것은 과거에서 오는 게 아니다. 앞으로 올 미래다. 안 겪어본 것이다. 그러니까 계획을 세워도 계속 그걸 믿지 못하는 마음이 생기는 것이다. '실패하면 어쩌지, 그게 정말 그렇게 되겠어? 말도 안 돼.' 이런 두려움, 불안 같은 부정적 감정 때문에 원하는 나와 현실의 나 사이에 계속 간극이 생기는 것이다.

꿈꾸는 자에게는 상상력이 필요하다. 자기 실현한 본인의 모습을 생생하게 그려보고 이를 느껴 보는 것이 중요하다. 그 모습과 감정을 기억할 수 있도록 말이다. 현대의 연금술사라고 불리는 조 디스펜자는 이를 '미래의 기억'이라고 하였다. 미래를 기억한다는 것의 의미는 과거를 기억하는 것과 크게 다르지 않다. '나는 이렇게 살고 싶어.'가 아니라 '나는 이런 사람이야 이런 모습으로 살고 있어.'라고 그 미래의 삶을 지금 느껴 보는 것이다. 뇌는 시제를 구별하지 못한다. 지금 일어나고 있는 것처럼 상상하면 현재라고 믿는다. 따라서 상상력은 리더의 필수 덕목이다. 자기 삶의 리더는 원하는 미래를 생생하게 그리고 기억하는 자이다.

지금 여기 현재에서 내가 그렇게 살고 있다는 것을 절절하게 느낀다면 어떻게 될까? 바로 에너지가 바뀐다. 우리에겐 이미 내면의 부름을 알아차리는 영적인 에너지가 잠재되어 있기 때문이다. 에너지가 바뀌면 인생이 바뀐다. 당신은 그저 바라고 원하는 것이 이루어졌을 때 느끼는 감정을 상상하고 반복해 보는 것이다. 반복해 봄으로써 무의식에 그 감정을 각인시킬 수가 있다. 미래의 기억을 현실로 가져와 생생하게 느끼는 것은 자동프로그램되기 시작한다. 미래기억이 무의식에 각인되면 자기창조가 시작된다. 내가 원하는 삶과 지금 내가 쓰는 에너지가 일치되기 시작하면서 의식 수준이 상승된다. 시간이 압축된다. 시간이 압축된다는 뜻은 시간이 줄어든다는 뜻이다. 원인과 결과의 거리가 줄어든다. 성공하는 삶이다.

그런데 여기서 우리가 고려해보아야 할 것이 있다. 우리는 원하는 것을 끌어당김기 위해 흔히 비전 보드를 만든다. 그런데 대부분 내가 원하는 차, 내가 원하는 집, 내가 원하는 돈의 액수같이 물질적인 것에만 초점을 맞춘다. 이 때문에 원하는 대로 성취하기가 어렵게 된다. 왜냐하면, 물질을 원하면 원할수록 내가 그것을 못 갖고 있다는 부정적인 결핍을 느끼기 때문이다. 그 결핍은 불안이 되고 나는 그걸 못 갖고 있다는 자책이 된다. 감정과 생각은 자꾸 삐걱거린다. '반드시 이 대학에 들어가야 해.', '반드시 저 지위에 올라가야 돼.'라고 생각하는 순간부터 집착이 시작된다. 집착은 곧 부정적인 감정의 포스에너지이다. '꼭 저 사람이어야 돼.', '꼭 이 집이어야 돼.', '꼭 이 직장이어야 돼.'에서 벗어나야 한다. 우리가 그 집, 그 사람, 그 돈을 원하는 근본적인 이유는 풍요로운 삶과 행복 때문일 것이다. 그러므로 풍요로운 삶과 행복을 위해서 꼭 그 집, 그 직장, 그 사람일 필요는 없다. 돈, 명예, 권력, 사랑의 쟁취 같은 물질적인 것을 소유하는 데 집중하는 삶은 필연적으로 집착을 가져온다. '연 10억을 벌겠어.'라는 것이 아니라 '더 많은 사람에게 좋은 건강식품을 제공하겠어.'라는 가치관의 전환이 중요하다. '○○ 대학교수가 되겠다'는 것보다는 '아이의 위대한 힘을 알리는 사명으로 살겠다'고 할 때 한계가 없어진다. 소유보다는 존재에 집중할 때 집착이 없어지고 나의 에너지가 파워로 전환된다.

에너지의 상승은 즉각적으로 이루어질 수 있다. 나의 생각과 감정에 따라 전혀 다른 차원의 에너지로 순간이동할 수 있는 것이다. 내가 정한 의미와 가치를 실현하는 데 의의를 두고 행동해 나간다면 생각지도 않은 곳에서 기회가 생기고 새로운 길이 열린다. 누구나 살면서 한두 번쯤은 경험했을 '절묘하다'고 생각되는 순간이 그런 것이다. 이렇게 가치전환이 일어날 때 우리는 내가 경험하는 것 자체에 의미를 느낀다. 진정으로 모든 것에 감사할 수 있다. 따라서 자기실현은 진행형이다. 언제나 변화에 열려 있으며 창조적인 놀이가 된다.

나의 존재의미를 실현시켜 줄 일을 정하는 것은 매우 중요한 과제이다. 어떤 사람은 요리로, 어떤 사람은 의술로, 어떤 사람은 노래로, 어떤 사람은 바느질로, 어떤 사람은 IT 기술로, 어떤 사람은 교육으로 자신의 쓸모 있음을 증명하며 자기존재를 인식하기 때문이다. 하나의 일이 아니어도 좋다. 자기존재를 하나의 일로 국한 시킬 필요가 없다. 특히 퍼레니얼처럼 세대를 넘나들며 100세가 넘게 오래 살아야 하는 시대에선 더욱 그렇다. 나의 욕망을 펼치고 행복을 느낄 수 있는 일들은 자기실현을 위한 도구이다. 일을 정해야 미래기억을 가져올 수 있으며 자기실현을 시작할 수 있다. 자기실현을 멀리 미뤄두고 결핍과 불안, 집착으로 고통을 끌어안고 시간을 버릴 이유가 없다. 지금 여기서 자기실현을 시작하라!

일은 자기실현을 이루어 줄 고마운 선생이다.

존재 인식

'왜'라는 질문에 대한 답을 찾으면 삶이 단순하고 평안해진다.

상상력의 힘

자기 삶의 리더는 원하는 미래를 생생하게 그리고 기억하는 자이다.

자기실현은 미래가 아닌 지금 여기에서 이루어진다.

돈은영물이다

많은 사람이 돈 때문에 고통을 받는다. 특히 자본주의 사회에서는 돈 없이 살 수가 없다. 삶에 필요한 모든 것이 화폐를 통해 교환되기 때문이다. 돈은 우리에게 안전과 안정을 가져다준다. 과자나 초콜릿을 얻어먹기 위해 미군 트럭 뒤를 쫓아가며 "기브 미 초콜릿!"을 외쳤던 우리 부모세대에게는 특히 그렇다. 개발도상국에서 세계 10위 안에 드는 경제 부흥을 이루어내는 과정은 돈의 힘을 뼈저리게 느낄 수밖에 없는 시간이었다.

그런 부모 밑에서 자란 MZ 세대들에게 경제적 성공은 곧 가족의 안위를 결정짓는 가장 중요한 요건이 되었다. 선진 17개국 성인을 대상으로 한 미국 여론조사에서 '자신의 삶을 의미 있게 만드는 가치가 무엇인지' 물었을 때 1위가 가족, 이어서 직업, 물질적 풍요였다고 한다. 그런데 한국은 가족보다 물질적 풍요를 1위로 선택한 유일한 나라였다. 참으로 충격적인 결과였음에도 한국의 성장 과정을 보면 어느 정도 이해가 되는 대목이다.

하루하루 끼니를 걱정하며 누울 곳을 찾아다녀야 하는 삶은 불편한 것이다. 가난은 인간의 자유와 행동을 제약한다. 가난으로부터의 자유는 인간의 권리다. 가난은 죄악은 아닐지라도 인간에게 선은 아니다. 인간의 삶에 여유와 풍요를 주는 돈은 좋은 것이다. 가장 기본적인 인간의 안전과 안정을 위해서든, 자기실현을 위해서든, 이웃과 세상을 챙기기 위해서든 우리는 돈을 필요로 한다. 그렇다면 돈은 어떤 것일까? 이 질문에 답하는 사람이 많지 않을 것이다. 우리는 돈에 대해 잘 알지 못한다. 돈에 대해 공부하지 않는다.

『현재의 미래선택』에서 신범철은 돈은 무생물이지만 성공 의지가 확고한 사람을 알아보고 그를 좇아가는 괴물(怪物)로 보았다. 또한 자기를 아끼고 바르게 쓸 줄 아는 사람에게 오래 머무를 줄 아는 신물(神物)이다. 하지만 자기와 자기편의 이익과 쾌락만을 추구하는 속물 인간은 정확히 알아보고 떠나는 영물(靈物)이라고 하였다.

돈에 대한 이러한 개념은 돈을 벌기 위해서, 지키기 위해서 그리고 잘 쓰기 위해서 어떻게 해야 할지를 명확히 알려준다. 돈은 누구에게나 오는 것이 아니다. 돈을 혐오하고 경멸하는 사람에게는 오지 않는다. 반대로 돈을 소중히 여기고 그 가치를 잘 아는 사람에게는 정확히 알아보고 찾아온다. 또한, 찾아 왔다가도 제대로 쓰지 못하면 떠난다. 결국, 돈은 우주의 법칙에 따라 자신을 챙기고 세상을 챙기는 사람을 알고 따라온다.

그러나 돈을 혐오하지도 않고 나만 배를 불리겠다는 것도 아니고, 또 사회에 기부도 하고 싶은데도 돈을 버는 일은 쉽지 않다. 수십 년간 돈을 벌기 위해 쉬지 않고 일하지만, 돈이 모이지 않는다. 왜 그럴까? 청빈함을 미덕으로 생각하는 유교적인 전통을 가진 우리나라는 특히 돈에 대해 부정적이었다. 가난한 선비의 삶이 고결함의 상징이 되었다. 우리 부모님도 예외는 아니었다. 가난에 시달리고 등록금 때문에 전전긍긍하면서도 돈을 따지거나 요구하는 것을 수치스럽게 생각한다. 돈이 가져다주는 여유와 안정은 바라지만 돈을 많이 번 사람들은 도둑심보를 가졌다고 생각한다. 돈에 대한 이러한 이중적인 태도는 돈을 끌어당기지 못할 뿐더러 오히려 돈을 멀리 도망가게 한다. 돈에 관한 생각이 바뀌지 않으면 돈은 달아난다.

　돈을 벌고 싶어도 벌지 못하는 사람들의 특징은 무엇일까? 사람들은 자신도 모르게 돈에 대해서 스스로 한계 짓는 경제 관념을 가지고 있다. 돈에 대한 부정적인 태도가 우리의 무의식에 저장된 채 우주에게 끊임없이 한계 짓는 주파수를 보내고 있기 때문이다. 어렸을 때 어떤 말을 듣고 자랐는가? 어린 시절 누구를 보고 자랐는가? 어린 시절 어떤 특별한 경험을 했는가? 가 삶의 모든 영역, 그중 돈에 대한 생각과 태도를 형성한다. 돈에 대한 관점은 바로 어렸을 때 들었던 말과 보고 들은 것들을 통해 형성된다. 무의식에서 형성된 보이지 않는 유리천장이 생긴 것이다. 이러한 경제 관념을 가지고 있기 때문에 우주는 이러한 무의식에서 보내는 주파수에 맞추어 돈이라고 하는 부의 창조를 돕는다. '돈을 밝히는 것은 천한 것이다.'라고 하거나, '직업에 귀천이 있다'라고 분별하고 구분 짓는 사람에게는 우주도 그 에너지 파장대로 반응한다. 부와 가난은 나 스스로 규정한 나의 에너지 파장이 보낸 우주의 화답인 것이다. 따라서 자신의 경제 관념을 알아차리기 위해서는 무의식을 깊이 들여다보아야 한다. 돈에 관한 생각과 태도를 깊이 들여다보아야 한다. 의식하지 못하고 있는 나의 무의식적 한계를 깨닫고 이를 인정하지 않는다면 돈은 나에게 찾아오지 않는다.

나의 경우 결혼을 하면 경제적 책임은 남편에게 있다고 생각했다. 가정의 경제가 어려워지면 남편의 무능력을 탓했다. 더는 남편만 보고 있을 수 없는 상황이 되거나 또는 계속 생활비를 타 쓰면서 생기는 자존감의 상처가 곪을 대로 곪고 난 다음에야 스스로 돈 벌 생각을 했다. 그런데 막상 돈을 버는 것이 쉽지 않았다. 아무리 노력을 해도 계속 남편에게만 기대게 됐고 부채만 늘어났다. 왜 그랬을까? 결혼 전에는 능력도 있고 일을 하면서 자신의 삶을 주도적으로 살았던 나였지만 결혼을 할 때는 경제적으로 편안하게 해줄 상대를 선택했던 것이다. 그러나 현실은 생각대로 돌아가지 않는다. 부양할 가족이 생기는 문제뿐만 아니라 금융위기, 전쟁, 국가 정책의 변화 등으로 실직을 하거나 사업이 망하는 경우처럼 환경은 끊임없이 변화하기 때문이다. 그런데 이러한 외부환경의 변화로 인해 가정에 경제적 위기가 닥친 것을 남편의 무능함으로 치부하며 원망하는 경우가 많았다. 맘속으로 팔자타령을 하면서 말이다.

그렇게 많은 시간을 보내고 나서야 이 모든 것이 남편 탓일까 생각해 보게 되었다. 남편에게 의존해 편안하고 풍요롭게 살고자 했던 의존적인 마음 때문이 아니었을까? 사업을 한다고 할 때마다 사업자금을 끌어다 대 준 이유는 무엇일까? 내가 주체적으로 돈을 벌겠다는 생각보다는 돈을 버는 일은 남편이, 즉 타인이 해주었으면 하는 마음은 없었을까? 돈 같은 것을 내가 직접 벌고 싶지 않은 나의 무의식이 우주에 전달된 것은 아닐까? 아니면 '나는 돈 벌기가 너무 어려워.' 하는 스스로 그어놓은 한계가 우주에 그대로 전달된 것은 아닐까? 적극적으로 홍보나 마케팅을 배워보고 연구해보려 하지 않은 이유는 뭘까? 하고 싶지 않은 마음 때문은 아니었는지, 남들이 알아서 사주었으면 하는 마음은 없었는지, 자신의 내면을 들여다보며 질문해봐야 한다는 것을 깨달았다. 그리고 이러한 경우 대개 자신 어머니의 삶을 그대로 닮아 있다는 사실도 발견했다.

돈에 대한 개념이 잘못되었다면 지금 여기서 바로 잡아야 한다. 돈에 관한 생각과 감정이 나의 부의 에너지이기 때문이다. 그리고 그 생각과 감정은 어렸을 적 나의 무의식에 그대로 저장되어 있다. 이를 자각하고 바꾸겠다는 선택을 하는 일이 첫 번째 작업이 되어야 한다. 하나하나 적어보면서 이러한 돈에 대한 인식이 자신의 현재 경제 상황에 어떻게 영향을 끼치고 있는지 깊이 이해해야 한다. 이러한 자각이 되어야 잘못 주입된 경제에 관한 생각과 태도를 바꿀 수 있다. 돈에 대한 개념을 바꾸지 않는 한 결핍에 고통받는 삶에서 벗어나기 어렵다.

가짐의 여유는 좋은 것이다. 가진 것이 있어야 나눌 수 있다. 자식이 다양한 경험을 할 수 있도록 지원해 줄 수 있고, 평생 자식 돌보느라 자신을 챙기지 못한 부모를 챙길 수도 있다. 약하고 힘든 사람을 도울 수도 있다. 사회에 기부하고 싶어도 기부할 것이 없는 삶은 서글프다.

돈은 지혜로운 자를 알아보고 찾아오는 영물이다. 우주의 법칙을 따르며 나와 세상을 챙기는 삶을 사는 자를 정확히 알아차리고 따라온다. 찾아와서는 떠나지 않고 오래 머문다.

돈은 주체적이고 깨어 있는 삶을 돕는 신기한 선생이다.

돈에 대한 태도

돈은 자신을 소중히 여기고 바르게 쓸 줄 아는 사람에게 오래 머무는 영물이다.

무의식의 영향

어렸을 때 형성된 돈에 대한 부정적 태도와 무의식적 한계가 돈을 멀리하게 만든다.

주체적 삶과 돈

돈은 주체적으로 나와 세상을 챙기는 깨어 있는 삶을 따르며, 나의 경제적 자유를 돕는다.

아우라가 이끌림이다

판타스틱했던 패션디자이너 앙드레김! 국내 1호 남성 디자이너이다. 그는 전 세계에 한국의 전통적인 문화를 패션에 접목시켜 독보적인 스타일을 구현했다. 그를 떠올리면 흰색이 생각날 정도로 흰색을 사랑했던 그는 흰색의 영원한 순수함을 웨딩드레스로 승화시켜 앙드레김만의 스타일을 창조했다. 그의 패션쇼의 마지막 장면은 웨딩드레스로 장식되었고 모델이 된 연예인이나 스포츠 스타들에겐 당대 최고의 스타임을 입증하는 무대가 되었다. 전설적인 팝의 황제 마이클 잭슨은 그에게 전속디자이너가 되어줄 것을 제안했다. 그러나 그는 "나는 대한민국을 대표하는 디자이너이기 때문에 단 한 사람만의 의상을 만들 수는 없다."고 정중히 거절했다. 자신만의 철학이 확고했던 그는 원단도 국산으로만 고집했다. 그는 타계 후 금관문화훈장에 추서되며 패션산업에 기여한 공로를 인정받기도 했다.

어렸을 때 족두리 쓰고 화려한 활옷을 입은 전통혼례식을 보고 큰 인상을 받았다는 그는 직접 옷감을 구해 바느질 가게에 가서 스케치한 옷을 보여주고 그대로 만들어 달라고 해서 입었다. 그때부터 패션디자이너가 되기를 꿈꾸었고 여성의 아름다운 꿈을 실현하는 옷을 만드는 데 평생을 바치겠다고 결심했다. 그러나 1960년대는 남자가 여자 옷을 만드는 것은 상상도 하지 못하는 시대였다. 그는 패션디자이너로서의 도전에서 오는 어려움뿐 아니라 사람들의 질투와 비웃음까지도 견뎌야만 했다. 한국 이미지와 동양의 자존심을 전 세계에 당당히 알리고 패션을 통해서 새로운 예술의 세계로 이끌어가고 싶다고 한 그는 죽는 순간까지 패션디자이너로 살기를 원했다.

일에 대한 나의 가치관이 명확해지면 일은 노동에서 창조활동으로 승격된다. 예술가의 창작활동처럼 일이 창조놀이가 된다. 예술가의 창작품은 상대적 가치가 아닌 절대적 가치를 지닌다. 부가가치가 높다. 앙드레 김의 사례는 어떻게 나의 일이 창조놀이가 될 수 있는지를 보여준다.

기술을 뜻하는 'Techne'는 그리스어로 기술이나 공예를 의미한다. 즉 인간이 만들어 내는 생산 및 제조 활동을 포함하며 이를 위해 기술과 솜씨가 필요하다. 'Art'의 어원인 'Ars'가 'Techne'에서 비롯되었다. 이는 예술과 기술, 두 단어가 동일한 어원을 가지고 있다는 것을 의미한다.

앙드레 김이 자신의 재능에 집중했던 것처럼 일이 예술이 되기 위해선 자기의 기질을 잘 알고 좋아하는 것이 중요하다. 그중 잘할 수 있는 것을 발견하고 연습하고 세련화시켜야 한다. 그러면 삶의 기능이 되고 기술이 된다. 그런데 여기서 멈추면 안 된다. 앙드레 김의 경우 자기 작업시간을 확보하고 패션잡지를 수집해서 감각을 익혔다. 그뿐만 아니라 국내 모든 신문을 구독하고 여러 대의 TV를 동시에 보면서 문화 이슈와 인물을 연구했다. 창조놀이가 되기 위해선 관련된 지식을 익히고 정성을 다하며 지속해 나가야 한다. 그러면 어느 순간 질적인 변화가 일어난다. 편리함, 논리성, 정확함을 뛰어넘는 미학적 체험을 하게 된다. 행위 자체를 통해 삶이 아름다워지고 의미를 찾게 되는 것이다. 마침내 나만의 기술이 철학적 의미를 갖는 순간이다. 나의 삶이 예술의 삶으로 차원을 달리하는 순간이다. 앙드레김의 판타스틱한 패션쇼를 보면서 사람들이 "와~ 예술이다."라고 감탄하듯이 말이다. 이러한 미학적 쾌감은 인간 본성에서 우러나오는 근원적인 쾌감이다. 아름답고 창의적인 삶이다.

삶이 예술이 되는 순간, 당신의 일은 절대적 가치를 가진 비교 불가한 창조활동이 된다. 우리가 원하는 성취는 나의 생각, 감정, 열정이 적절한 배합을 통해 만들어 낸 제5의 원소이다. 제5원소는 마치 순수예술이 갖는 차원의 그 무엇이다. 대중예술이 대중의 기호에 맞추기 위해 애쓴다면 순수예술은 자신의 철학과 삶을 녹여낸다. 대중의 관심 따위는 아랑곳하지 않는다. 순수예술은 유행을 타지 않는다. 내가 하고 싶은 것을 선택해 내 길을 가는 것이다. 순수예술은 도도하다. 찾아다니지 않고 그 자리에서 자신의 존재감을 드러낸다. 그리고 사람들은 그것에 이끌린다. 일도 나의 개성의 결과물이다. 일의 분야가 같을지라도 하는 일은 저마다 색이 다르고 맛이 다르다. 다르게 하는 것이 차별화이다. 4차 산업혁명에서 더욱 절실하게 인간이 가장 인간다운 방식으로 일을 할 때 인간다운 삶을 살 수 있다. 이를 스타일이라고 하고 이러한 스타일을 통해 사람은 자신만의 아우라를 만들어 낸다. 아우라는 찻잔의 찻잎이 색과 풍미를 풍기며 우러나오듯 인간에게서 우러나오는 오라의 장이다. 저마다의 에너지장이다. 일종의 분위기이다. '아~ 저 사람은 뭔가 아우라가 있어.'라고 느낄 때 우리는 남다른 그만의 삶의 향기에 취하게 된다. 그의 말은, 그의 눈빛과 손짓은, 그의 일은, 남들과 다른 그만의 것이 된다. 그만의 상품이 된다. 그만의 매력이며 사람들은 그 매력에 이끌린다. 대체될 수 없는 고유의 그 무엇이 된다.

사람들의 선택을 이끄는 힘은 마음이다. 마음이 움직여야 선택한다. 이성은 마음이 선택한 것을 설득하기 위해 따라오는 자기 합리화 과정일 뿐이다. 마음을 움직이게 하는 것은 바로 아우라라는 이끌림의 에너지이다. 이끌림의 에너지는 홍보가 필요하지 않다. 홍보는 강제하는 힘으로부터 온다. 공격적이고 강압적인 마케팅, 광고, 구입 권유가 함께 하며 이는 아주 외부 지향적이고 시간과 돈, 에너지가 든다. 반면에 이끌림에는 시간이나 에너지, 노력이나 돈이 들지 않는다. 강제하는 힘은 저항의 힘을 창출한다. 이것이 우주의 법칙이다. 설득하면 할수록 구매 저항과 맞닥뜨린다. 홍보에 많은 돈을 쓸수록 비용이 들기 때문에 가격을 올려야 한다. 경쟁력이 오히려 떨어진다. 아무런 시간이나 에너지, 노력을 들이지 않고도 성공을 끌어당기고 만들어 내는 것은 무엇일까? 바로 이끌림이다. 이끌림은 진정성에서 나온다. 마케팅 기업을 통해 제작한 가짜 이미지가 아니다. 당신의 진정성에서 나온 실재이며 그것은 곧 평판으로 이어진다. 당신이 하는 모든 것이 빛을 내므로 다른 사람들이 이를 알아보는 것은 자명한 일이다.

우리가 특정 가게나 회사 이름을 만났을 때 따뜻하게 느끼고 호감을 갖게 되는 이유는, 그곳들이 오랜 시간 '성'을 쌓아 실체를 증명했기 때문이다. 아무리 인적이 드문 숲속 한가운데 자리 잡고 있는 들기름 메밀 국숫집이라도 사람들은 찾아낸다. 단순히 음식에만 머무는 것이 아니라 자연의 음식으로 건강을 돕겠다는 철학이 공감을 일으켰기 때문이다. 그래서 눈앞의 이익을 위해 진정성을 외면하면 안 된다. 실패로 가는 지름길이다. 사람들이 모를 것 같지만 그냥 알아차린다. 매일매일 신선한 채소를 제공한다고 했다면 어제의 채소를 마치 오늘 들어온 채소인 양 올려놓고 싶은 유혹에 흔들리지 말아야 한다. 오히려 '어제의 채소'라고 표기하고 할인해서 팔 때 사람들은 그 채소가게로 이끌린다.

우리는 마더 테레사의 성공담에 주목할 필요가 있다. 그녀는 기업처럼 광고나 시장전략, 홍보에는 전혀 돈을 쓰지 않았다. 그녀에게는 판매팀도, 메디슨가 이미지 메이커도, 연설 원고 작성자도 없었다. 그녀는 자신이 하고자 한 일을 했을 뿐인데 수백만 명을 모았다. 군중이 그녀를 따랐다. 사람들은 잠시라도 그녀를 보기 위해 먼 길을 찾아왔고, 그녀와 함께하기 위해 8년의 견습과 시험 기간, 고된 일을 하는 봉사 기간을 거쳐야 했다. 데이비드 호킨스 박사가 짚어준 것처럼 마더 테레사의 위대함과 힘이 발생했던 것은 그녀가 인간 본성의 가장 고결한 성질인 인간의 존엄성, 가치, 고결함, 사랑스러움, 위대함에 초점을 맞추었기 때문이다. 이러한 인간의 본성에 몰두할 때 자석처럼 사람을 끌게 된다. 그녀에게 이끌림은 이처럼 자연스러운 우주의 법칙인 것이다. 마더 테레사를 통해 사람들은 자신 안에서 인정하지 못했던 것을 보았던 것이다. 그녀는 그들을 비추어주는 거울이었다. 세상의 가장 낮은 이들조차 인간의 본질적 존엄을 인정 받아야 마땅하다는 것을 그녀는 보여준 것이다. 마더 테레사를 통해 이러한 진실을 알았기에 힘없고 병든 자들은 더없이 행복한 상태에서 얼굴에 미소를 띤 채 죽을 수 있었다.

지금 하는 일이 인간 고유성에 의한 자신만의 아우라를 만드는 일이 아니라면 점검해 볼 필요가 있다. 이에 반하는 일은 노동이 되고 노동이 되는 일은 기계로 대체된다. 자기답게 사는 일은 자기실현에 대한 근본 신뢰에서부터 시작된다. 일이 자기다울 때 당신의 삶은 예술이 된다. 그리고 당신에게서 뿜어져 나오는 오라의 장은 당신을 인간 자석으로 만들어 줄 것이다.

아우라를 만드는 일은 자기다운 삶으로 이끌어주는 매력적인 선생이다.

창조적 삶의 철학
일이 자기다울 때, 당신의 삶은 예술이 되고, 당신만의 아우라가 세상에 빛을 발한다.

진정성과 이끌림
이끌림은 진정성에서 나오며, 이는 사람들의 신뢰와 평판으로 이어진다.

인간 본성의 존엄성과 사랑스러움에 몰두할 때, 자석처럼 사람들을 끌어당기는 힘이 생긴다.

2

사랑이
선생이다

생명에너지의 기원

"우선 자네들이 제일 먼저 배워야 할 것은 인간의 본성이 무엇이고, 그 본성이 겪었던 것들은 무엇인지에 대해서라네."

철학자 플라톤의 『향연』에 등장하는 아리스토파네스는 사랑의 기원에 대해 아주 환상적인 신화를 전해준다. 그는 그리스의 희극작가로 인간의 본성이 오늘날과는 다른 종류의 것이었다고 말한다. 동그란 모양의 몸에 네 개의 손과 네 개의 다리가 있었다는 것이다. 얼굴도 서로 똑같은 두 개의 얼굴이 반대로 놓여 있고 그 위로 하나의 머리가 붙어 있었다. 그들은 원하는 방향이면 어디든지 똑바로 갈 수 있다. 여덟 개의 사지를 이용하여 수레바퀴 모양이 되어 빠르게 앞으로 나아갈 수도 있다. 물론 360도로 다 볼 수 있으면서 말이다. 이러한 능력을 갖춘 인간은 오만해져서 신들에게 공격적인 욕망을 드러냈다. 제우스는 인간을 두 동강으로 쪼개어 힘을 약화시키고 일할 수 있는 인간의 숫자를 늘리는 신에게 이로운 해결책을 생각해냈다. 그 결과 인간은 두 조각으로 나누어져 지금의 모습이 되었다. 두 조각으로 나뉜 인간들은 본래 상태로 돌아가기 위해 자신의 또 다른 반쪽을 갈망하면서 합일을 원하게 되었다. 그들은 서로를 껴안고 한 몸이 되기를 원했고, 서로를 떠나서는 아무 일도 하려 하지 않았기 때문에 굶주림과 무기력으로 죽을 지경에 이르렀다. 제우스는 이를 불쌍히 여겨 생식기를 앞쪽으로 돌려놓아 자식을 낳게 했다. 이성은 물론 동성끼리도 서로 성욕을 충족시키게 했다. 결과적으로 우리는 하나가 둘로 나누어진 존재, 즉 반쪽이어서 하나가 되고자 노력하고 욕망하게 되는데 이를 사랑이라고 부르게 된 것이다. 원래 하나였다가 쪼개지고 합일하는 과정에서 다양한 사랑의 형태가 나왔는데 남녀의 사랑, 자웅동체, 동성애가 그것이다. 아리스토파네스의 이야기는 온전해지기를 바라는 인간의 본성에 대해 생각하게 한다. 나아가 고대 철학자들과 제자의 사랑부터 성 소수자들과의 갈등, 로미오와 줄리엣의 선택 같은 인류 역사를 통해 겪어왔던 것들이 무엇이었는지 충분히 상상해 볼 수 있게 한다.

신화를 통해 설명하지 않더라도 우리는 누구나 살면서 분리되는 경험을 겪는다. 엄마의 따뜻하고 평안한 자궁으로부터 분리되고, 가족과 떨어져 혼자 독립하고, 죽음으로써 세계와 분리된다. 실제 분리되어 있을 때 인간은 무력해진다. 무력해진 인간은 큰 세계를 감당할 수 없을 것 같은 두려움으로 매우 격렬한 불안을 일으킨다. 따라서 인간은 합일을 통해 분리의 두려움에서 벗어나고자 하는 갈망을 갖는다. 사랑은 합일을 이루게 하는 생명의 에너지이다. 남녀의 사랑을 통해 정자와 난자가 수정되고 생명이 창조되는 것은 이를 잘 설명해준다. 사랑을 통해 비로소 온전한 합일이 이루어진다. 이러한 합일의 경험은 분리에서 오는 불안을 해소해주며 실존적 삶의 기쁨을 준다. 사랑은 인간에게 생명이다. 사랑은 죽어가는 자에게도 활기를 불어 넣어준다. 반면에 사랑이 없다면, 인간의 삶은 살아 있어도 활기가 없고 창조력을 상실한다. 외로움과 불안함에 생명력을 잃어 죽은 자의 삶이나 다름없다.

천재적인 이론 물리학자 스티븐 호킹은 열렬히 세상을 사랑한 사람이다. 인간을 사랑했고, 물리학을 사랑했다. 스티븐 호킹은 천재로 태어났지만, 대학을 다닐 때까지도 별다른 천재성을 보여주지 못한다. 그러다가 21살이라는 젊은 나이에 루게릭병으로 2년밖에 못 산다는 시한부 선고를 받게 된다. 그럼에도 불구하고 그의 연인 제인은 그와 결혼한다. 스티븐 호킹은 제인과 결혼하면서 드디어 삶의 의미를 갖기 시작한다. 그는 자식을 낳고 가족을 이루었으며 본격적으로 물리학 연구에 몰입하였다. 비록 휠체어에 의지할 수밖에 없는 몸이었지만 그는 사랑을 멈추지 않았다. 그는 삶에 집중하며 연구에 몰입했고 그의 천재성은 본격적으로 발현되기 시작했다. 그는 우주 시작에 대한 실마리, 일반 상대론적 특이점, 블랙홀의 열복사를 밝혀내며 물리학자들을 깜짝 놀라게 한 엄청난 증명들을 해낸다. 그렇게 호킹은 천재적인 이론 물리학자로 인정받게 된다. 반면에 시간이 지날수록 그의 몸은 전신이 마비되고 게다가 폐렴으로 목소리마저 잃어버리게 된다. 하지만 그는 뺨의 근육을 움직이고, 동공을 움직여 목소리 대신 기계음으로 바꿔 강연을 이어나갔다. 2012년에는 런던에서 열린 장애인 올림픽 대회 개막식에서도 장애에 대한 편견을 깨뜨리는 희망의 메시지를 전달하여 전 세계에 감동을 주기도 하였다. 육체의 문제는 호킹을 좌절시킬 수 없었다. 한 글자를 쓰는 것조차 어려워졌을 때도, 뺨 근육조차 움직일 수 없었을 때도 스티븐 호킹은 쉬지 않고 연구했다.

77세로 생을 마감하는 날까지 그를 움직이게 한 원동력은 무엇이었을까? 그에게는 굴곡도 있었지만, 사랑하는 사람들이 항상 함께 있었다. 묶여 있는 육체를 떠나 자유로이 무한한 우주여행을 할 수 있는 물리학에 대한 사랑, 그리고 나와 세상을 품는 위대한 인류애가 있었다.

사랑의 에너지는 인간을 향한 이끌림이요, 생명의 에너지다. 온전한 힘을 발휘하며 창조적 삶을 살 수 있도록 이끄는 파워에너지이다. 만약 그가 이 사랑의 에너지를 잃었다면 천재성을 발휘하며 우주과학을 진일보시킨 연구성과를 인류에게 안겨주지는 못했을 것이다.

사랑의 에너지는 적극적으로 개발해서 끌어다 써야 한다. 끌어다 쓸 때 사랑은 인간에게 생명력을 불어넣는다. 온전한 힘을 회복하고 세상을 품에 안을 수 있게 된다. 힘을 회복하여 할 수 있는 일이 있고, 사랑하는 사람들과 함께 있다면 당신은 행복을 위한 필요충분조건을 갖춘 것이다. 사랑으로 우리는 비로소 전인적 인간존재가 된다. 누구나 사랑할 자격과 사랑의 에너지를 가지고 태어났다. 그리고 이 사랑만이 분리된 인간을 온전한 존재로 만들어주며 삶을 살아갈 힘을 준다.

사랑을 따르라. 사랑은 온전한 생명력을 불어 넣어주는 숭고한 선생이다.

사랑의 본질

사랑은 생명 에너지의 기원이자 삶을 지속시키는 힘이다.

연결의 가치

사랑의 에너지는 인간을 향한 이끌림이다.

분리와 합일

사랑만이 분리된 인간을 온전한 존재로 만들어준다.

사랑은능력,배우고연습하라

얼마 전 가수 션과 정혜영 부부에 대한 영상을 본 적이 있다. 한국의 대표적인 사랑꾼으로 알려진 그는 '모든 남편의 공공의 적'이라고 놀림을 당하기도 한다. 부인에게 오글거리는 이벤트를 많이 하기 때문이다. 실제 그는 토크쇼에서 오늘이 결혼한 지 며칠째냐는 질문에 바로 5,566일째라고 답해 패널들을 놀라게 했다. 그가 하는 이벤트는 사랑의 노력이고 정성이다. 그의 사랑을 잘 가꾸어가기 위한 하나의 활동이다. 그는 사랑의 반대는 미움이 아니라 무관심이라고 말한다. 남녀 간의 사랑에 밀당은 없다고 말한다. "다 주고 아까워할 필요가 없어. 사랑은 다 주는 거야!"라고 자신 있게 말한다. 지금껏 한 번도 부부싸움을 한 적이 없다는 그는 이렇게 그 비결을 전했다. 내가 왕자가 되려면 공주 대접을 해줘야 한다. 내가 하녀 취급을 하면 나는 하인이 되는 것이다. 서로 존중해야 한다는 것이다. 연애 때는 24시간 같이 있지 않기 때문에 좋은 점만 본다. 그런데 결혼하면 콩깍지가 벗겨진다는 말처럼 24시간 같이 생활하다 보면 못 보던 것도 보게 된다. 그런데 상대가 바뀐 것일까? 아니다. 장점은 없어지고 단점만 남은 건가? 이것도 아니다. 똑같은 사람인데 우리가 이제 단점을 보기 때문이다. 장점만 보고 칭찬하면 된다. 장점을 칭찬하기에도 하루가 모자란다는 그의 말은 과장이 아니다. 그의 삶으로 보여주고 있다. 오늘을 마지막이라고 생각하며 산다는 그는 후회할 일을 하지 않는다고 했다. 내일을 알 수 없는 일인데, 만약 오늘 싸웠는데 화해를 못 했다면 얼마나 후회하겠냐는 것이다. 모두 알고 있는 이야기를 하는데 그의 한마디 한마디가 어록이다. 그의 사랑은 활동을 통해 경전이 되었다.

인간은 사랑의 에너지를 타고났지만 그렇다고 누구나 사랑할 수 있는 것은 아니다. 노력하는 자만이 사랑하는 능력을 키울 수 있다. 합일의 기쁨과 온전한 자기를 만날 수 있다. 흔히 말하는 꿈꾸는 동화 속 아름다운 사랑 이야기, 예컨대 잠자는 숲속의 공주를 입 맞춰 깨워주는 왕자는 허상이다. 한눈에 반해서 사랑에 빠질 수는 있지만, 지속적이고 성숙한 사랑을 위해서는 노력이 필요하다. 사랑을 잘하는 사람과 사랑을 못해서 고통받는 사람이 생기는 이유이다. 사랑은 배우고 연습하고 노력해서 얻게 되는 능력이다.

사랑은 활동이다. 허울 좋고 달콤하기만 한 말로 끝나는 것이 아니라 삶으로 실천되는 활동이다. 우리가 사랑의 실천을 생각할 때 떠올리는 사람이 있다. 바로 마더 테레사이다. 그녀가 사랑을 실천하는 방식은 종교적 차원을 뛰어넘어 전 세계 사람을 감동시켰다. 성인 반열에 오른 그녀의 활동을 보면 어찌 그리 작은 몸에서 그러한 힘이 나는지 놀라울 따름이다. 그녀는 인도 콜카타에서도 가장 비참한 빈민가 속으로 들어가 나병 환자와 고아들을 거두었다. 그녀가 평소에 입었던 옷도 우리가 알고 있는 검은 수녀복이 아닌 흰색 사리였다. 흰색 사리는 인도의 가장 가난하고 미천한 여성들이 입는 옷이다. 그렇게 그녀는 온전히 그들의 삶 속으로 들어가 평생을 가난 속에서 고통받으며 죽어가는 사람들, 버려진 아이들, 노인들을 위하여 헌신하였다.

마더 테레사가 성 마리아 고등학교 교사로 있었을 때 일이다. 거리에서 한 병든 여인을 발견했는데 그녀의 썩어가는 살을 쥐와 구더기가 파먹고 있었다. 마더 테레사는 그녀를 수녀원으로 데려와 정성껏 보살폈다. 그녀는 테레사 수녀의 손을 꼭 잡고 세상에서 본 적이 없는 아름다운 미소를 지어 보였다. 그리고 "감사합니다."라고 하며 숨을 거두었다. 그녀는 마더 테레사에게 "아파요. 추워요. 나를 구해줘요."라고 하지 않았다. 마더 테레사는 그녀의 "감사합니다."라는 한마디에 깊은 감동을 받았다. 이 일은 마더 테레사가 사랑과 헌신의 길을 걷게 한, 인생의 전환점이 되었다. '마더 테레사 효과'라는 말이 있다. 하버드대에서 진행한 연구에서 밝혀진 것으로 직접 선행을 베푸는 것은 물론이고 선행하는 모습을 보기만 해도 신체적으로 면역력이 크게 좋아지는 현상이다. 마더 테레사는 "당신이 가는 곳마다 사랑을 퍼뜨리십시오. 당신에게 다가온 어떤 사람도 행복하지 않은 상태로 떠나지 못하게 하십시오."라고 말했다. 그녀의 선행은 많은 사람을 변화시켰다. 13명으로 시작한 사랑의 선교 수녀회는 마더 테레사가 세상을 떠날 무렵엔 4,000명의 수녀와 10만 명의 자원봉사자가 활동하는 거대한 조직이 되었다. 사랑을 퍼뜨리는 그녀의 자발적이고 능동적 활동은 사랑이 주는 합일의 기쁨과 온전한 자기를 만날 수 있는 새로운 차원의 삶을 보여주었다.

우리가 마더 테레사나 션 부부의 사례를 통해 아는 것처럼 사랑에는 다른 사람과 세상을 변화시키는 강력한 영향력이 있다. 다른 사람의 생명에 생기를 불어넣고 그 생명의 에너지는 다시 나를 충전시킨다.

사랑이 기술이라는 에리히 프롬의 통찰은 인간이 성숙한 사랑을 실현할 가능성을 높여준다. 하지만 사랑이 때가 되면 저절로 운명처럼 나타날 것이라고 기대하며, 수동적으로 받기만을 원하고 있다면 환상과 현실의 괴리로 불행해질 뿐이다.

진정으로 사랑하고 싶다면 배우고 연습하라. 사랑은 누구나 노력의 과정을 통해 얻게 되는 신적인 능력이다.

사랑은 배우는 것
사랑은 타고나는 것이 아니라 배우고 연습해야 하는 능력이다.

활동의 중요성
사랑은 말이 아닌 행동으로 실천할 때 완성된다.

'받는 것'이 아닌 '주는 것'의 의미

우리는 앞 장에서 멀게는 마더 테레사 수녀의 사랑을 보았고 가까이는 션과 정혜영 부부의 사랑을 이야기했다. 이들은 모두 사랑을 주었다. 사랑의 능력은 주는 것에서 시작한다. 사랑을 받는 것만 좋아하고 수동적으로 요구만 한다면 그 사람은 사랑의 능력을 키울 수 없다. 일시적이고 쾌락적인 사랑의 감정에 빠질 수는 있지만, 사랑을 유지하고 성숙한 관계로 나아갈 수는 없다. 사랑은 능동적인 파워에너지이다. 따라서 사랑은 받는 것이 아니다. 사랑을 하는 것이며, 사랑을 주는 것이다. 준다는 것은 무슨 의미일까? 정신분석학자이자 사회철학자 에리히 프롬은 현대 자본주의 시대가 되면서 사랑도 경제원리에 따라 교환하는 방식으로 생각한다고 했다. 특히 모든 것을 물질적으로 환산하고 받아내고 착취하고 저장하는 태도를 가진 사람은 준다고 하는 행위를 이러한 방식으로 경험한다. 그들에게는 받는 것 없이 주기만 하는 것은 사기당하는 것이고 손해 보는 짓이라는 사고방식이 작동한다. 그러나 '사랑을 준다'는 게 포기하고, 빼앗기고, 희생하는 걸 의미하지는 않는다. 아무리 생각해도 마더 테레사나 션과 정혜영 부부의 사랑은 기쁨이었다. 종교적 차원이라 하더라도 주는 기쁨을 누리지 못한 채 빼앗기고 희생한다고 생각했다면, 오랜 시간 지치지 않고 사랑할 수 없었을 것이다.

  능동적인 활동으로서 사랑을 주는 것은 전혀 다른 의미를 갖는다. 주는 것은 잠재적 능력의 최고 표현이다. 준다고 하는 행위 자체에서 나는 나의 힘, 나의 부, 나의 능력을 경험한다. 스스로 자신의 생명력을 느끼고 잠재력을 발휘한다. '테레사 효과'처럼 신체적인 면역기능의 향상뿐만 아니라 만족과 행복을 느끼게 된다. 오히려 사랑의 파워에너지는 나 자신의 행복으로 되돌아오며 나의 생명력을 고양시킨다. 준다는 행위가 부메랑처럼 자신의 삶에 대한 충만한 가치로 되돌아오기 때문이다. 주는 것이 받는 것보다 더 즐거워진다. 우리가 사랑을 준다고 할 때 실제로 무엇을 줄 수 있는 것일까? 마음만으로 사랑하는 것이 주는 것일까? 에리히 프롬은 "사랑은 단순히 물질적인 것만을 주는 것이 아니다. 보다 중요한 것은 인간만의 소중한 것을 주는 것이다."라고 하였다. 그들은 자신이 갖고 있는 것 중 가장 소중한 것, 다시 말하면 생명을 준다는 것이다. 여기서 생명은 자신 속에 살아 있는 것을 뜻한다. 자신의 기쁨, 관심, 이해, 지식, 유머, 슬픔 같은 것이다. 즉 내 안에 살아 있는 것의 모든 표현과 현시를 주는 것이다. 자신의 생명을 줌으로써 그는 타인을 풍요하게 만든다. 자기 자신의 생동감을 고양함으로써 타인의 생동감을 고양시킨다. 그는 받으려고 주는 것이 아니다. 그에게는 주는 것 자체가 지극한 기쁨이다.

주는 사랑에 대해서 이야기할 때 가장 먼저 떠오르는 것은 모성애이다. 자연이 보여주는 모성애는 놀랍다. 큰뿔부엉이의 경우 둥지의 알이 부화하고 새끼들이 충분히 강해질 때까지 둥지를 떠나지 않는다. 어미 부엉이는 포식자가 둥지에 접근하면 경고음을 내거나 날개를 펴서 몸집을 부풀리는 등으로 위협하며, 필요할 경우 공격적으로 방어한다. 생명의 위험을 피해 바로 날아오를 수 있는 날개가 있음에도 절대 날아가지 않는다. 이는 자연이 태생적으로 부여한 사랑의 에너지의 힘이다.

인간에게도 어머니와 자식 간의 사랑은 가장 본능적으로 작동하는 파워 에너지이다. 어머니는 자식이 잘났건 못났건 아이의 생명과 요구에 대해 무조건적인 반응을 하며 생명 유지와 성장에 절대적으로 필요한 보호와 책임을 진다. 그런데 모성애가 중요한 또 하나의 측면이 있다. 바로 생명과 삶에 대한 긍정이다. 자식에 대한 어머니의 본능적인 사랑은 삶은 즐겁고 좋은 것이며 살아갈 필요가 있다는 감정과 태도를 갖도록 한다.

모성애는 이러한 본능적 기제에 뿌리박혀 있으며 여기에는 심리적인 요소가 작용한다. 하나는 어떤 대상을 자신의 일부라고 여기며 소유하거나 지배하고 싶은 마음으로, 아이는 이를 만족시키는 대상이다. 또 하나는 자신의 뱃속에서 생명이 창조되고 출산 과정을 통해 아이를 낳아봄으로써 느끼는 창조자로서의 감정이다. 피투된 존재가 갖는 태생적 한계를 초월하고자 하는 욕구가 아기 출산을 통해 만족된다.

그러나 모성애의 목적이자 본질은 아이를 독립시키는 데에 있다. 어머니와 애착 관계를 유지하며 보호를 받지만, 유아기가 지나면 아이는 독립을 위한 출발을 한다. 이는 남녀 간의 성애와 차이가 있다. 남녀 간의 사랑이 둘이 하나가 되는 것이라면, 모성애란 자식이 어머니로부터 독립된 인격체로 분리되는 성격을 지닌다. 모성애가 위대한 이유가 바로 여기에 있다. 모든 걸 주면서도 사랑하는 자의 행복 말고는 아무것도 바라지 않는 숭고한 사랑이 모성애이다. 안타깝게도, 성숙하지 못한 부모의 모성애는 자아도취적인 지배욕이나 소유욕으로 변질된다. 부모 자신이 인간존재로서 단단히 준비되지 않는다면 모성애라는 매우 도전적인 과제를 풀어내기가 쉽지 않다. 자신 스스로 '나는 누구인가? 나는 어떻게 살기를 원하는가?'에 대한 정의가 정리되어야 한다. 달리 말해, 자신의 삶의 모든 측면에 대한 기본적인 준비가 되어야 모성애라는 과제를 풀어내는 과정을 통해 어머니로서 사랑의 위대함을 경험하게 된다. 이를 통해 삶에 대한 성숙도는 매우 깊어진다. 자녀 양육의 경험이야말로 나를 극복하고 성숙한 인간으로 가는 위대한 다리이다.

그런데 우리가 여기서 좀 더 깊이 있게 들여다보아야 할 것은 모성애가 비이기적인 사랑을 의미하는 것은 아니라는 점이다. 비이기적인 사람은 자기 자신을 위해서는 아무것도 바라지 않고 오직 다른 사람들을 위해 살 뿐이다. 자신을 소중하게 여기지 않는 것을 자랑스럽게 생각한다. 그러나 이러한 사람은 가장 가까운 식구와의 관계조차도 원활하지 못하다. '나는 가족들에게 헌신했는데, 왜 이리 불협화음이 날까?' 하며 황당해한다. 왜 그럴까? 이러한 비이기적인 사랑의 본질은 자녀에게 미치는 영향을 살펴보면 명백히 나타난다.

TV 육아프로그램에서 한 사연이 올라왔다. 6세 딸에게 모유를 먹이고 있는 엄마의 사연이었다. 하루 종일 엄마를 찾는 껌딱지 딸에게 엄마가 시달리는 모습이었다. 그런데 충격적인 장면이 펼쳐졌다. 6세 된 아이에게 모유 수유를 하는 게 아닌가! 밤에도 예외가 아니었다. 엄마는 스스로 아이에게 젖을 물렸다. 아이가 침대에 누워 '엄마'를 부르면 엄마는 달려가 아이가 원하는 어떤 것이든 즉시 해결해 주었다. 종일 엄마의 등에 업혀 있는 아이. 큰아이를 '어부바' 해주는 엄마는 지쳐 보였다. 엄마의 건강이 염려될 정도였다. 엄마는 아이 때문에 집안일도 못 본다고 하소연하였다. 그러면서도 아이가 원해서 모유 수유도 계속할 수밖에 없다고 했다. 아이가 힘들어하기에 차마 매정하게 끊지 못하겠다는 엄마는 내 생활의 여유는 하나도 없다고 호소했다. 정신과 의사 오은영 박사는 아이와 엄마의 모습이 분리되지 않는 한 덩어리 같아 보여 기괴하다고 했다. 아이의 모든 요구를 다 들어주는 게 오히려 아이에게 해가 되고 있다고 지적했다. 더 심각한 문제는 엄마였다. 한때 모유 수유를 중단하기도 했는데, 정작 엄마가 젖을 안 먹겠다는 아이를 살살 꾀어 모유 수유를 계속했다. 모유 수유를 중단하고 생긴 우울증 때문이었다. 이를 극복하기 위해 훈련하는 과정에서도 젖을 안 찾게 된 아이를 자극해 다시 젖을 물리는 엄마의 모습이 관찰되었다. 그녀는 이러한 행동이 자신의 분리불안 때문인 것 같다고 고백했다.

에리히 프롬에 따르면 분석적 연구에서 비이기적인 사람은 사랑하는 능력이 마비되어 있고, 삶에 대한 적의로 가득 차 있다고 했다. 표면 뒤에는 미묘하지만, 매우 강력한 자기 본위가 숨어 있다. 다시 말해, 자기의 감정이나 이해관계를 기준으로 생각하고 행동한다. 지나친 자기 본위의 생각은 잘못된 편견으로 작용할 수 있다. '아이에게는 꼭 내가 필요해.', '내 곁에 붙어 있어야 안전해.' 같은 그의 비이기주의가 다른 증상과 함께 해석된다. 달리 말하면, 그의 비이기주의와 다른 고통의 근원인 결핍이 고쳐질 때만, 이 사람은 치유될 수 있다. 사례에서 엄마는 아이가 아무 스트레스를 받지 않게 하고 싶었다고 했다. 거슬러 올라가면, 분리되지 못한 기이한 모성애는 그녀의 어렸을 적 삶에서 받은 트라우마에 기인했다. 결국, 비이기적인 어머니가 미치는 영향은 이기적인 어머니의 영향과 별로 다르지 않다. 오히려 자기만을 생각하는 이기적인 엄마보다 더 나쁠 수가 있다. 아이의 모든 수발을 들어주며 헌신한 것은 엄마 자신의 분리불안 때문이었다. 사랑은 언제나 절대적인 생명 에너지이지만 때로는 해가 될 때도 있다. 이 사례는, 아이를 사랑하지만, 자신이 독립되지 못한 엄마의 모성애는 오히려 아이를 망칠 수 있음을 시사한다.

건강한 모성애는 깊은 인류애로 연결된다. 자신과 다른 사람을 동일시하여 나보다 약한 사람에게 연민을 느끼고 보호와 책임을 지는 행동을 선택하는 것이다. 그런데 여기서 강조하고자 하는 바는, 나 자신이 포함되지 않은 인류애는 있을 수 없다는 사실이다. 성서에 "네 이웃을 네 몸처럼 사랑하라."는 말이 있듯이 자신의 개성에 대한 존중이 다른 사람에 대한 존중과 사랑으로부터 분리될 수 없다는 것은 명백하다. 자신의 개성을 존중하는 자기애를 토대로 타인의 개성 또한 존중하고 사랑할 수 있다. 우리가 자기애를 이기심과 구별해야 하는 이유이다. 순수한 자기애를 가진 어머니의 영향력은 생명을 보호하고 책임지는 행위에만 있는 것이 아니다. 자녀들에게 인간과 삶에 관한 관심과 사랑, 기쁨, 그리고 행복을 느낄 수 있는 경험을 제공한다.

에리히 프롬은 자기애에 대한 이러한 사상을 마이스터 에크하르트(Mei-ster Eckhart)의 다음과 같은 말로 요약해 준다.

> "만일 그대가 그대 자신을 사랑한다면, 그대는 모든 사람을 그대 자신을 사랑하듯 사랑할 것이다. 그대가 그대 자신보다도 다른 사람을 더 사랑하는 한, 그대는 정녕 그대 자신을 사랑하지 못할 것이다. 그러나 그대 자신을 포함해서 모든 사람을 똑같이 사랑한다면, 그대는 그들을 한 인간으로 사랑할 것이고 이 사람은 신인 동시에 인간이다. 따라서 그는 자기 자신을 사랑하면서 마찬가지로 다른 모든 사람도 사랑하는 위대하고 올바른 인간이다."

나 자신도 다른 사람과 마찬가지로 나의 사랑의 대상이 되지 않으면 안 된다. 만일 다른 사람을 사랑하느라 자신을 잊는다면 그는 사랑할 줄 모르는 사람이다. 우리가 누군가에게 사랑을 준다는 것은 다른 사람을 주는 자로 만들며 함께 생명을 탄생시키는 기쁨에 참여한다는 것을 의미한다. 이것이 사랑의 기적이다.

주는 기쁨

주는 행위는 나의 힘과 잠재력을 표현하며 기쁨으로 되돌아온다.

건강한 모성애는 깊은 인류애로 연결된다.

주는 사랑은 생명을 탄생시키는 기쁨에 참여한다는 것이다.

공감 없는 사랑은 가짜다

우리는

송창식

우리는 빛이 없는 어둠 속에서도 찾을 수 있는
우리는 아주 작은 몸짓 하나라도 느낄 수 있는
우리는 소리 없는 침묵으로도 말할 수 있는
우리는 마주치는 눈빛 하나로 모두 알 수 있는
우리는 연인

기나긴 하세월을 기다리어 우리는 만났다
천둥 치는 운명처럼 우리는 만났다
오 바로 이 순간 우리는 하나다
이렇게 이렇게 이렇게 우리는 연인

우리는 바람 부는 벌판에서도 외롭지 않은

우리는 마주 잡은 손끝 하나로 너무 충분한

우리는 기나긴 겨울밤에도 춥지 않은

우리는 타오르는 가슴 하나로 너무 충분한

우리는 연인

수없이 많은 날들을 우리는 함께 지냈다.

생명처럼 소중한 빛을 함께 지녔다.

오 바로 이 순간 우리는 하나다

이렇게 이렇게 이렇게 우리는 연인

    7080시대의 싱어송라이터 송창식이 작사·작곡한 노래 〈우리는〉의 가사이다. 가사를 음미해 보면 두 사람이 얼마나 깊은 사랑을 하고 있는지 절로 느껴진다. 특히 그의 진솔한 목소리로 들려주는 노래를 들으면 더욱 그러하다. 이 가사는 사랑에 대한 시적인 감성과 사랑의 힘을 표현하고 있다. 노래 제목 '우리는'은 두 사람이 각자 인간존재로서 함께 하고 있다는 것을 표현하고 있다. 우리는 둘이지만 하나이기도 한 것이다. 연인인 두 사람이 느끼는 합일의 경험을 노래하고 있다. 이렇게 사랑은 우리 모두에게 가장 아름답고 강력한 삶의 주제이다.

    사랑은 관심에서 시작된다. 관심은 특정 대상이나 상황에 대해 흥미를 느끼고 주의를 기울이는 것을 의미한다. 사랑은 사랑하고 있는 자의 생명과 성장에 대한 적극적인 관심이다. 우리가 삶을 살면서 대상이나 상황에 관심을 가지는 이유는 여러 가지이다. 가장 본능적으로는 생존과 적응을 위해서이다. 우리는 환경에서 중요한 정보를 찾아내어야 했다. 음식, 위험, 그리고 동료 등에 관해 관심을 가져야 했다. 새로운 기술이나 지식을 획득하기 위해서도 우리는 관심을 가져야 한다. 성장은 관심에서 출발한다. 원하는 삶을 살기 위해, 삶의 의미와 목적을 위해 상황과 대상에게 관심을 갖는다. 관심을 갖게 되면 공감 능력도 향상된다. 공감(Empathy)은 대상을 알고 이해하거나, 대상이 느끼는 상황, 또는 기분을 비슷하게 경험하는 심적 현상이다. 공감은 적극적인 관심을 가지고 대상에게 주의를 기울임으로써 가능하다. 관심을 가지면 궁금해지고 궁금해지면 관찰을 하고 질문을 한다. 연애할 때를 떠올려 보자. 우리는 상대의 마음이 좋은지, 슬픈지, 표정을 세심히 살핀다. 표정이 기뻐도, 슬퍼도 왜 그러는지 묻고 경청한다. 어떤 일이 있었는지, 어떻게 그렇게 되었는지 그리고 어떻게 하고 싶은지 귀 기울여 들어준다. 이러한 대상에 대한 공감은 상대와 주파수를 맞추는 작업으로 모든 소통의 정수이다.

그러나 공감을 제대로 하는 사람은 드물다. 공감 능력은 타고난 것이며 대상이나 상황이 생기면 자연적으로 공감할 수 있다고 생각한다. 공감하기 위해 노력해야 한다고 생각하지 않는다. 노력하는 공감은 진짜 공감이 아니며 공감은 가르칠 수 있는 게 아니라는 통념이다. 또한, 대개 공감을 이해와 혼동하는 경우가 많다. 공감과 이해는 중요한 차이점이 있다.

이해는 다른 사람의 경험, 감정, 생각을 인식하고 그 의미를 파악하는 것을 말한다. "친구랑 싸워서 화가 났구나."같이 이해는 정보를 처리하고 그 정보에 어떤 의미가 있는지 알아내는 과정이다. 인지적 영역이다.

반면에 공감은 다른 사람의 감정을 체험하거나 공유하는 능력을 말한다. "그런데 그 친구가 너에게 특별해서 더 속상해하는 것 같아."처럼 공감은 단순히 다른 사람의 상황을 이해하는 것을 넘어서 그 사람 자체에 대해 내가 직접 느껴 보려는 시도이다. 따라서 이해 없는 공감은 텅 빈 것으로 사랑이 아니며, 공감 없는 이해 또한 사랑이 아니다. 상대의 언어를 잘 알아야 이해할 수 있고 이해할 수 있어야 공감할 수 있다. 거리의 치유자라고 불리는 정혜신 정신과 의사는 감정적 반응 그 자체가 공감은 아니라고 한다. 한 존재가 또 다른 존재가 처한 상황과 상처에 대해 알고 이해하는 과정을 거치면서, 그 존재 자체에 대해 갖게 되는 통합적 정서와 사려 깊은 이해의 어울림이 공감이다. 그러므로 공감은 타고난 감각이나 능력이 아니다. 학습이 필요하다.

흔히 슬픈 영화를 보면 감정이입이 돼서 금세 눈물을 글썽이는 사람은 공감 능력이 좋은 사람이라고 말한다. 사랑이 많은 사람이라고 생각한다. 그러나 그것은 감정적 반응이지 진정한 공감은 아니다. 정혜신 박사는 공감을 정서적 공감과 인지적 공감으로 나눈다면 그 비율이 2:8 정도라고 보았다.

우리는 결혼하면 왜 연애 때처럼 공감을 안 해주는지에 대해 서로 불평한다. 사랑이 식었다고 치부해 버린다. 그런데 사랑이 식었다고 느끼는 이유를 따져볼 필요가 있다. 처음 만나 연애할 때는 정서적 공감이 8 정도고

인지적 공감이 2 정도이다. 시간이 지나고 서로에게 익숙해지면서, 이러한 높은 비율의 정서적 감수성과 신선한 관심도는 점점 떨어진다. 따라서 공감의 8을 차지하던 정서적 공감은 채워지지 않고 2의 인지적 공감도 더는 궁금해지지 않는다. 사랑이 식은 것이 아니라 정서적 감수성이 둔감해지고 상대를 이제 안다고 생각하는 오만함 때문이다. 이런 생각을 해본다면 공감도 노력을 해야 하는 것이고 그래서 배워야 한다는 것에 동의하지 않을 수 없다.

그렇다면 시간이 지나도 서로를 더 깊이 사랑할 수 있도록 공감을 잘하려면 어떻게 하면 좋을까? 먼저 오감을 열어야 한다. 오감은 정신에의 입구이다. 오감을 통해 대상에 대한 정보를 입수한다. 이렇게 오감을 열면 감각이 민감해지면서 대상에 침투할 수가 있다. 다음은 대상의 말을 귀 기울여 듣는 것뿐만 아니라 표정과 눈빛, 동공확대, 근육 긴장, 식은땀 등 신체적 반응을 관찰하여야 한다. 이제 관찰을 통해 느껴지는 것들과 따뜻한 질문을 통해 마음과 상황을 이해해야 한다. 알 때까지 물어야 한다. 그런데 이때 내 머릿속에서 이미 판단을 내려버리면 더 이상 궁금한 것이 없어진다. 질문이 생각이 나지 않는다. 좋은 질문은 궁금해야 나온다. 어떤 판단을 내리거나 조언을 하면 안 된다. 토 달지 말고 그냥 받아들인다. 정혜신 정신과 의사는 사람의 행동이나 판단은 옳을 때나 틀릴 때가 있으나 사람의 마음은 항상 옳다고 한다. 다시 말해 어떤 감정이든 일어나는 데는 반드시 이유가 있다는 것이다. 따라서 '사람이 그 행동을 하는 데는 분명한 이유가 있다'는 전제로 대하면 상대방은 안전하다고 생각하고 마음을 열게 된다. 이것이 공감의 기술이다.

이렇게 우리는 관심을 통해 대상을 사랑하기 시작하고 공감적 태도를 통해 상대를 이해한다. 상대를 이해하면서 동시에 나를 알아간다. 서로를 발견한다. 그렇게 두 사람의 합일을 통해 궁극적인 자기 자신을 창조해 나간다. 공감은 현대 사회에서 더욱 중요한 세계적인 통화로 역할 할 것이다.

공감의 본질

공감은 상대의 감정과 상황을 나의 마음으로 체험하는 능력이다.

공감과 이해

이해 없는 공감은 텅 빈 것이고, 공감 없는 이해는 사랑이 아니다.

소통의 핵심

공감은 상대를 진정으로 이해하고 마음을 열게 하는 열쇠이다.

진정한 사랑의 언어, 공감과 교감

공감을 통해 마음이 수용되면 욕구는 충족되거나 해소된다. '내 마음을 알아주는구나.' 하면서 마음이 편안해지고 평상심을 찾게 된다. 이러한 감정적 안정은 합리적인 이성의 상태를 허락한다. 이때 우리는 비로소 교감을 할 수가 있다. 교감은 서로 접촉하여 따라 움직이는 느낌이며 함께 추구하는 지향을 향해 깊이 교류한다. 교감지기(交感知己)라고 하는 것은 똑같은 영혼을 가진 것처럼 생각이나 마음이 잘 통하는 사람으로 일종의 소울메이트(Soulmate)라고 할 수 있다.

영화 〈아바타〉에서 보면 주인공이 용사가 되기 위해 하늘을 나는 동물, 이크란을 선택하는 장면이 나온다. 그러나 바로 이크란을 탈 수가 없다. 먼저 마음이 통해야 한다. 마음에 드는 이크란을 선택했다면 이제 마음에 드는 이크란과 꼬리를 연결하여 접속해야 한다. 그래야 마침내 하늘을 무사히 날아오를 수 있게 된다. 〈아바타〉의 이 장면은 교감을 시각적으로 잘 보여주고 있다. 교감을 통하여 서로 다른 두 존재의 생각과 영혼을 교류함으로써 하늘을 날아오를 수 있는 새로운 창조적인 힘을 갖게 된다. 이것은 전체적이고 인격적인 인간의 소통이며 온전한 사랑 에너지의 교류방식이다.

교감은 감정적 공감 이후 일어나는 이성적인 소통과정이다. 교감을 통해 서로가 원하는 목적을 합의하고 나아갈 수 있다. 교감은 주로 언어를 통해 이루어진다. 이때의 언어는 사랑의 언어이다. 실제 『사랑의 기술』의 저자 에리히 프롬의 사례를 보면 교감에 대해 잘 이해할 수 있다. 그의 마지막 조수로 일했던 라이너 풍크 박사는 후기에서 이렇게 말했다.

"무엇보다 놀라운 점은 그가 상대에 관한 관심을 표현하는 방법이었다. 그의 시선과 질문은 몹시 예리했으나 그러면서도 호의적인 면이 있었다. 사적인 대화에서도 어떤 책을 읽고 어떤 계기로 하필 그 책을 읽게 되었으며, 읽으면서 무엇이 와닿고 무엇이 그렇지 않은지 묻는 것. 내가 별 내용이 없다거나 지루하다고 말하면 왜 그런 사소한 것으로 시간을 낭비하는지 알고 싶어 하고 나 자신에게 실제로 무엇이 중요하고, 무엇이 정말로 마음에 와닿았으며, 무엇을 하며 시간 보내는 것을 가장 좋아하는지에 대해서도 관심을 보였다."

그는 프롬이 상대에게 주의를 기울이고 관심을 보이며 그를 대신하여 직접 질문을 던짐으로써 직접성과 친밀성을 형성한다는 사실이 놀라웠다고 했다. 이러한 질문은 날카로웠고 상대를 강하게 자극했지만, 상대에게 상처를 주거나 부정적으로 받아들여지지 않았다고 회고했다. 스승과 조수 사이라는 것을 감안한다면 이들이 나눈 대화는 매우 놀랍다. 사회적 위계나 신분의 차이에도 불구하고 상대가 상처를 받거나 부정적으로 받아들이지 않도록 한다. 학문적 성취라는 공통목적을 가진 존재와 존재로서의 교감방식을 잘 보여주고 있다. 만약 상대를 평가하고 판단하려고 질문을 한다면 상대는 바로 느낀다. 기분이 상하고 자기방어를 하게 된다. 어떻게 답해야 자신을 해치지 않을지 생각하게 된다. 마음이 닫히는 것이다. 그렇게 되면 진정한 교감이 일어날 수가 없다. 아무리 생산적인 목적을 위해 함께 하기로 했다고 하더라도 둘의 관계는 실패이다. 아주 단순한 질문 하나라도 결과는 마찬가지다. 누군가가 판단자로, 평가자로 섰을 때 아무도 그 앞에서 자유롭지 못하기 때문이다. 우리가 진정 관계를 발전시키고 합일을 이루고 싶다면 나의 시선과 질문은 상대를 이해하려는 소망을 담아야 한다. '어떤 사람을 존중하려면 그를 잘 알지 않고서는 불가능하다.'라는 인식은 상대에게 호의를 느끼게 만든다. 마음을 열게 한다.

공감과 교감, 이것이 진정한 사랑의 언어이다. 우리는 사랑의 언어는 달콤하고 상대를 기분 좋게 하는 말이라고 생각한다. 그러나 사랑의 언어는 생명의 언어이다. 서로의 성장이 관심이며 창조적 합일을 통해 삶을 아름답게 가꾸어가기 위한 소통이다. 우리는 흔히 연애를 이상, 결혼을 현실이라고 비교한다. 연애는 달콤하고 격렬하며 둘만의 환상적인 사랑의 경험인 반면, 결혼은 가족에 대한 부양, 보호, 책임으로 사는 생계형 현실이다. 그래서 사랑 타령이나 하는 것은 철없는 행동이라고 생각한다. 그러다 보니 결혼을 통해 새롭게 형성되는 시댁이나 처가 같은 전통적인 가족관계는 의무가 되어 부담만 될 뿐이다. 이러한 결혼생활에 대한 왜곡된 시각은 연애 때의 감정을 다시 떠올리거나 기대하는 것은 바보 같은 짓이라고 생각하게 만든다. 이로 인한 상실감에 결혼생활이 허탈해진다. 외로워지고 우울해진다. 그러나 시간이 지나면서 사랑이 더욱 깊어지고 안정된 가족관계를 이루고 사는 사람들도 많다. 가수 션과 정혜영 부부는 단란한 가정을 꾸린 것뿐만 아니라 선행과 기부를 통해 많은 감동을 주고 있다. 실제로 션은 MKYU 김미경 강사의 미라클 모닝 커뮤니티 온라인 모임에 출현해 '815런 기부 행사'를 안내한 적이 있다. 그날 함께 했던 사람들은 그의 진정성과 선행에 감동을 받고 기부에 동참했었다. 어떻게 그는 가계지출에서 지나치다 할 만큼 많은 비중의 금액을 그렇게 오랫동안 기부할 수 있을까? 그것은 가정을 이루고 함께 사는 부인 정혜영 씨의 동의가 있었기 때문이다. 그들은 한 인터뷰에서 이렇게 선행의 아이콘이 된 건 어느 분의 영향이 더 크다고 생각하느냐는 질문에 서로를 가리켰다. 션뿐만 아니라 아내 정혜영 씨와 자녀들도 '연탄 봉사'를 하는 모습을 SNS에서 자주 볼 수 있다. 한 인터뷰에서 그녀는 연탄 봉사를 하고 나면 너무 뿌듯한데 힘든 점도 있다고 토로했다. 아이들이 연탄을 온몸으로 비비며 안고 다니는 바람에 겨울 파카가 온통 연탄 가루여서 일일이 손빨래를 해야 한다는 것이다. 주변에서는 드라이를 맡기라고 하지만 연탄 봉사를 하면서 그럴 수는 없다면서, "차라리 연탄을 더 사고 말지."라며 미소지었다.

우리는 사랑하는 연인을 성경에 등장하는 아담과 이브에 비유하곤 한다. 그런데 여기서 신학적 해석을 뛰어넘어 삶에서 그들이 나누었을 사랑의 언어는 어땠을지 한번 상상해보기로 하자. 선악과를 따먹은 최초의 연인 아담과 이브는 에덴동산에서 쫓겨난다. 이제 스스로의 힘으로 지상의 낙원

에덴동산을 만들어야 한다. 두 사람은 민둥산을 개간하여 꽃과 열매를 맺을 수 있는 에덴동산으로 만들고 자손을 낳고 돌보아야 한다. 그러기 위해 먼저 벌거벗은 민둥산을 함께 가꾸어야 한다. 민둥산은 두 사람이 함께하는 삶의 목적이자 꿈이며, 이를 잘 가꾸기 위해선 생산적인 대화가 필요하다. 가령, 에덴동산을 만들기 위해 어떤 나무를 심으면 좋을지, 언제 심으면 좋을지 이야기를 나누고, 함께 땅을 파고, 씨를 뿌리고, 물도 주어야 한다. 우리가 흔히 꿈꾸는 것과는 달리 사랑의 언어는 달콤하기만 한 말이 아니다. 삶의 장면 장면마다 섬세한 공감과 교감, 그리고 노동이 지속적으로 이루어져야 하는 생산적 활동이다. 진실한 삶의 소통이 사랑의 언어이다. 사랑이 감정적 공감에서 머무를 때 이는 환상이 된다. 오래 지속되지 못하고 실패로 끝난다. 감정적 공감과 이성적 공감을 통해 교감이 끊임없이 일어날 때만이 이상이 현실이 된다.

성숙한 공감과 교감을 통해 에덴동산엔 다시 꽃이 피고 열매가 맺게 될 것이다. 그리고 자손을 통해 삶이 이어지게 될 것이다.

사랑은 삶을 창조하는 언어 에너지이다.

공감의 시작

관심과 경청을 통해 상대의 감정에 진정으로 공감해야 한다.

교감의 깊이

공감이 이루어질 때 비로소 서로의 영혼이 교감하게 된다.

사랑은 공감과 교감, 그리고 노동이 지속적으로 이루어져야 하는 생산적 활동이다.

사랑이란 이름의 가면들

우리의 인생에는 두 가지 삶의 주제가 있다. 바로 사랑과 일이다. 이 두 가지 주제로 이루어지는 하루하루의 일상이 바로 인간의 삶이다. 특히 사랑이라는 과제를 잘 풀지 못하면 삶은 엉망이 된다. 왜냐하면, 태어나서 죽을 때까지 만나게 되는 부모, 형제, 자식이라는 가족뿐만 아니라 연인, 친구, 동료, 사업 파트너, 공동체, 인류는 모두 다 사랑이라는 에너지의 역학관계로 이루어지기 때문이다. 사랑은 행복의 질을 결정짓는 가장 중요한 조건이 된다. 그러나 우리의 삶에서 사랑이란 주제는 결코 쉽지 않다. 사랑을 통해 기적 같은 행복을 느끼기도 하지만 사랑 때문에 죽을 것 같은 고통에 헤매기도 한다. 사랑의 에너지는 사람을 치유하기도 하지만 사람을 파괴하기도 한다. 우리를 고통으로 빠뜨리는 사랑은 미숙한 합일 때문이다.

이러한 미숙한 형태의 합일을 에리히 프롬은 공서(共棲)적 합일이라고 하였다. 공서(共棲)란 전혀 다른 것이 함께 사는 의미로 서로의 개성을 해치고 의존하는 삶을 말한다. 이러한 공서적 합일은 두 가지 형태로 나타난다. 가장 대표적인 것이 소유욕이 강한 사랑이다. 이 형태는 한 사람이 다른 사람을 소유하려는 강한 욕구를 가지고 있을 때 나타난다. 이는 종종 질투와 과도한 통제로 나타나며, 사랑하는 사람이 아닌 소유물로 상대를 본다. 내가 원하는 대로 상대를 조종하고 통제하려고 한다. 상처를 입히고 모욕을 가함으로써 자신을 팽창시키고자 하는 합일로 드러난다. 사디즘이 이것이다.

이와 대조적인 것이 의존적인 사랑이다. 의존적인 합일의 경우는 한 사람이 다른 사람에게 지나치게 종속되어 있을 때 나타난다. 상대방 없이는 살 수 없다는 느낌을 가지고 있으므로, 독립하지 못한 상태이다. 상대가 없으면 아무것도 할 수 없다고 생각하며 복종한다. 한 사람이 다른 사람에게 지나치게 집착함으로써 모든 삶이 상대에 관한 생각과 강박적인 행동으로 나타난다. 병적 증세로 악화되면 스토커라 불리기도 한다. 가장 일반적으로 나타나는 미숙한 합일의 가면은 꼰대질이다. 꼰대는 자신의 지식이나 경험을 일반화해서 강요하는 사람을 가리키는 은어였다. 나이가 어리거나 지위가 낮은 사람에게 강요하는 낡은 사고방식이나 설교를 하는 선생이나 상사 같은 사람을 말한다. 그러나 지금은 나이의 많고 적음을 떠나 과거에 이룬 성취나 행동을 내세워 자신의 생각을 상대에게 강요하는 사람을 의미하며 꼰대질은 그의 행위를 말한다. 요즈음 회자되는 꼰대의 육하원칙이다. 여기에 해당하면 꼰대라고 한다.

Who 내가 누군 줄 알아?

When 나 때는 말이야.

What 네가 뭘 안다고?

Why 내가 그걸 왜?

How 어떻게 그걸 나한테?

Where 어딜 감히?

이렇게 말하는 사람과 대화해야 한다면, 생각만으로도 가슴이 답답해진다. 그러나 이보다 더 집요하고 치명적인 것이 '가스라이팅'이다. 가스라이팅은 상대방의 심리나 상황을 교묘하게 조작하여 그 사람 스스로 자기 자신을 의심하게 만들고, 이를 이용해서 나의 영향력을 넓혀 상대방을 지배하고자 하는 행위를 의미한다. 이 용어는 1938년 연극 〈가스등(Gaslight)〉에서 유래되었다. 연극 가스등은 1944년 영화로도 제작되어 가스라이팅이 어떤 것인지 널리 알려지게 되었다. 영화 〈가스등〉은 멋진 남자와 사랑에 빠져 결혼한 여인 폴라의 이야기이다. 이모가 물려준 저택에서 신혼생활을 시작하는 폴라. 남편은 '소지품을 잘 챙겨라.', '덜렁대서 내가 다 챙겨줘야 한다.', '건망증이 심하다.', '의심이 많다.'라고 하며 아내를 세심하게 챙긴다. 그러던 중 폴라에게 점점 이상한 일이 생긴다. 남편이 준 선물들을 자꾸 잃어버리고 벽에 걸린 그림들이 자꾸 없어지는 것이다. 남편은 당신은 미쳤으며 때때로 정신을 잃어 물건을 훔친다며 몰아붙인다. 폴라는 자신이 물건들을 잃어버리거나 사람들과의 대화도 기억을 못 한다고 생각하게 되고 심리적으로 불안한 상태가 되어간다. 한편 밤에 남편이 일하러 나가고 혼자 침실에 있던 폴라는 갑자기 방을 밝히던 가스등이 어두워지는 것을 발견한다. 그리고 천장 다락에서 구둣발 소리가 나는 것을 듣게 된다. 하지만 남편은 망상 속에서 꾸며낸 일이라며 몰아세운다. 남편은 폴라의 정신 상태가 좋지 않기에 밖에 나가지도 말고 이웃과 절대 만나지 말라고 명령한다. 폴라는 정신이 쇠약해져 자신이 서서히 미쳐가고 있다고 믿게 되고 방 안에만 갇혀 살게 된다. 결국, 형사의 도움으로 이 모든 것이 남편의 조작이었다는 것을 알게 된다. 잃어버린 선물도 남편 서랍에서 나왔다. 가스등이 어두워졌던 것은 남편이 보석을 찾기 위해 다락방을 뒤지느라 가스등을 켰기 때문이었다. 남편은 보석 도둑이자 폴라의 이모를 상해한 강도범으로 보석을 가로채기 위해 상속녀인 폴라에게 접근했던 것이다.

이렇듯 가스라이팅은 주로 가족, 연인, 혹은 친구 등 친밀한 관계에서 나타난다. 가해자는 거짓말, 사실 부인, 모순된 주장, 비난 등을 사용하여 상대방의 판단력을 흐리게 만든다. 가스라이팅은 '사랑'이라는 명분을 내세워서 하는 심리적 지배이다. "이게 다 너를 위해서야."라고 하지만 실제로 발생했던 일을 모른 체하거나 부인하고, 피해자의 생각을 의심하고 감정이나 요구를 무시한다. 그리고 이것이 아주 사소하게 보이도록 조작을 한다. 의견은 물론 기억까지도 철저히 무시한다. 이러한 가스라이팅을 지속해서 받다 보면 피해자는 시야가 점점 좁아지고 심리적으로 불안해진다. 상대의 주관적인 판단에 어떻게 맞추어야 할지 몰라 매사에 전전긍긍하며 자신의 능력을 의심하고 한계를 긋기 시작한다. 마침내 자신을 잃어버린다. 아무것도 할 수 없는 무능력한 자신을 견디며 모든 것을 의존해 사는 그곳은 곧 지옥이 된다.

가스라이팅은 충고와 다르다. 충고는 당사자에게 도움이 되게 하기 위한 말이라고 한다면 가스라이팅은 자신의 영향력을 높이기 위해 하는 말이다. 예를 들면, "니가 하는 말이 무슨 소린지 모르겠어.", "내가 언제? 그런 적 없으니까 말 좀 지어내지 마.", "너 진짜 혼자 쓸데없이 예민한 거 알아?", "제대로 한 적 있어?", "니가 그렇지."라고 하는 말들이다. 특히 연인 사이인 경우, "오늘 어떻게 했는지 말 안 해?", "또 그렇게 할래?", "사진 찍어 보내봐?", "내가 얼마나 너 생각하는지 알지?", "자기, 내가 있으니까 좋지? 그러니 나 기분 나쁘게 하면 안 돼."라며 상대를 지배하려고 한다.

청소년들에게 '꼬봉, 왕따, 학폭'이라는 이름으로 불리는 가스라이팅 사례는 흔히 볼 수 있다. 이는 모두 가해 학생들이 피해자를 지속해서 무시하고 고립시키며 물리적, 정신적으로 학대하는 행위를 통해서 만들어진다. 피해자의 자존감이 바닥으로 떨어지고 스스로도 자기 확신을 못 하게 되는 상태가 되도록 만든다. 결국, 피해자를 자살로 내모는 경우까지 간다. 우리는 〈더 글로리〉라는 드라마에서 묘사하는 학폭이라는 가스라이팅을 보며 충격을 받았었다. 극 중 주인공 동은이 "내 몸은 이미 다 망가졌고, 내 영혼도 부서졌다."라고 말하는 장면은 가스라이팅의 잔혹함을 말해준다.

인간 합일의 양면성은 인간을 구원하기도 하지만 철저히 파괴하기도 한다. 인간성을 파괴시키는 미숙한 형태의 합일은 다양한 원인으로 인해 발생할 수 있다. 개인의 성장 과정, 과거의 관계에 대한 경험과 정서적인 상처 등에 의해 영향을 받을 수 있다. 예를 들어, 어린 시절 부모와의 관계, 첫 연애 경험 등은 사람들이 사랑을 어떻게 이해하고 표현하는지에 영향을 미친다. 자아 존중감의 부족 또한 주요한 원인이 된다. 그들은 자신의 가치를 인정받기 위해 다른 사람에게 지나치게 의존하거나, 다른 사람을 통제하려고 할 수 있기 때문이다. 그 밖에도 불안정한 정서 상태, 불안, 우울, 스트레스 선망, 질투, 야망, 탐욕 등의 정서적 문제는 미성숙한 합일의 원인이 된다.

소유와 종속이라는 미숙한 형태의 합일은 미래가 없다. 서로의 독립을 방해하고 끊임없는 자기학대와 자기혐오로 채워진 관계에서는 배움과 성숙이 불가능하기 때문이다. 자기학대와 자기혐오가 커질 수밖에 없는 관계라면 정리해야 한다. 주변을 찬찬히 둘러보면 끊어야만 자기를 지킬 수 있는 관계들이 의외로 많다. 관계를 끊으면 그때서야 상대방도 자기를 돌아볼 수 있는 최소한의 계기가 만들어진다.

우리는 사랑이라는 이름으로 행해지는 많은 표현과 현상들에 대해 깊이 생각해 보아야 한다. 특히 가장 가까운 사람인 가족, 친구, 동료들에게 나는 어떻게 하고 있는가를 되돌아보아야 한다. 사랑이 위대한 생명 에너지인 만큼 사랑이라는 가면을 쓰고 등판하는 폐해 역시 깊기 때문이다.

인간합일의 양면성
소유와 집착, 의존은 사랑의 가면을 쓴 미숙한 형태의 관계이다.

미숙한 합일의 폐해
미숙한 합일은 상처와 자기 학대로 이어져 서로를 파괴한다.

사랑이 실패하는 이유

여우와 두루미 이솝우화는 우리에게 사랑이 실패하는 이유를 명확하게 보여주는 최고의 고전이다. 옛날 옛적 여우는 너무 심심해 친하게 지내는 두루미를 골려줄 생각을 한다. 여우는 맛있는 음식으로 두루미를 집으로 초대한다. 그런데 여우는 일부러 납작한 접시에 수프를 내온다. 긴 주둥이의 두루미가 전혀 수프를 먹지 못하고 있는데도 여우는 혼자만 맛있게 먹는다. 상대방에 관한 관심과 배려가 없는 여우의 이러한 태도에 마음이 상하고 화가 난 두루미는 어떻게 했는가? 이번엔 두루미가 여우를 초대해 긴 병에 담긴 수프를 내밀어 입이 짧은 여우가 먹을 수 없게 한다. 당황한 여우는 자신이 저질렀던 행동을 깊이 반성하고 두루미에게 진심으로 사과한다.

일부러 그런 것이 아니더라도 우리는 얼마나 자주 여우 같은 실수를 범하고 있는가? 생각하게 하는 우화이다. 상대의 입장을 고려하지 않은 채 관계가 좋기를 바란다면 우리는 현대판 여우와 두루미다.

우리가 앞에서 이야기한 대로 성숙한 관계의 첫걸음은 공감이다. 공감을 통해 사람들은 주파수를 맞추고 소통을 시작할 수 있다. 그러나 사랑하고자 하는 대상에 대한 지식이 없이는 진정한 공감이 이루어지기가 어렵다. 공감은 관심이기 때문이다. 공감 없는 관계는 치명적인 상처를 준다. 사랑한다고 하면 할수록 고통이다. 보호하고 책임지는 것이 사랑이며 상대에 대해 알아보고 지식하는 것이 사랑의 성분요소이다. 이러한 성분이 빠진 사랑은 효력이 없다.

그런데 여기서 주목해야 할 것은 우리는 왜 타인에 대한 공감 자체가 어려운가이다. 그 이유는 타인과 공감하기 위해선 먼저 나부터 준비시켜야 되기 때문이다. 준비시켜야 한다는 것은 자신을 잘 알아야 한다는 것을 의미한다. 자신이 준비되지 않으면 타인과 공감할 능력이 없다. 나 자신도 다른 사람과 마찬가지로 나의 사랑의 대상이 되지 않으면 안 된다. 나의 생명과 행복은 나 자신의 사랑의 능력, 곧 보호, 존경, 책임, 지식의 근원이 된다. 만일 어떤 개인이 생산적으로 사랑할 수 있다면, 그는 자기 자신을 사랑하는 사람이다.

따라서 나에 대한 공감이 타인에 대한 공감보다 먼저이다. 부모 자식 관계에서도 부모 자신의 문제가 먼저 해결되지 않으면 자기의 결핍만 아이에게 투사한다. 얽힌 관계의 실타래는 자기 자신부터 공감받아야 한다는 사실을 인정하면서 비로소 풀어나갈 수 있다. 첫 번째 단계가 바로 감정관찰이다. 자신의 감정에 대한 자기 인식이다. '아, 내가 지금 화를 내고 있구나.', '내가 질투하고 있구나.' '내가 만족스럽구나.' 하는 인식이다. 그러기 위해서는 자신의 감정을 들여다보아야 한다. 인간의 주요한 감정에는 기쁨에 찬 놀라움, 사랑, 행복, 슬픔, 분노, 혐오, 두려움이 있다. 이러한 감정을 견자의 시선으로 바라볼 수 있다면 감정을 분리해 낼 수 있다. 그래서 자기를 관찰하는 첫 번째 과제가 가장 중요하다. 이 과정을 통해 자신의 감정을 인식하기 시작하면 그다음은 훨씬 수월하다.

정신과 의사이자 세계적인 영적 지도자 데이비드 호킨스는 『놓아버림』에서 깨달음을 가로막는 장애물은 무의식적인 작용에 대해 자각하지 못하는 것이라고 설명했다. 어떤 생각이나 행동을 할 때 그 바탕에 깔려 있는 근본 감정은 대개 무의식적으로만 작용하거나 자각하지 못하는 상태로 있다. 그러므로 바탕에 자리한 감정을 잊거나 무시하거나 느끼지 못하면 사람들은 자신이 하는 행동의 이유를 자각하지 못한다. 대신 갖가지 그럴듯한 이유를 지어낸다. 사실 사람들은 자신이 하는 행동의 이유가 무엇인지 모르는 경우가 많다. 자신도 모르게 어떤 감정의 성취, 다시 말해 공포를 극복하고 행복을 성취하기 위해 행동하는 것이라고 한다. 따라서 감정관찰을 통해 빙산의 잠겨 있는 부분인 무의식을 의식화하려고 노력하지 않으면 자기 자신을 발견할 수가 없다. 자신의 불안과 강박, 분노와 우울이라는 두려움의 인상들은 기억하지 못하는 기억소 '므네메'에 의해 무의식에 저장되어 있기 때문이다. 이러한 무의식을 들여다보면서 최대한 의식 차원으로 객관화시켜야 문제를 인식하고 해결방법을 찾을 수가 있다.

그러나 인식만 했다고 해결되는 것은 아니다. 인정은 인식과 또 다른 차원이다. 따라서 두 번째 단계는 인정하기이다. 인정은 스스로 마음을 열고 상처를 받아들이는 것이다. 처음엔 엄청 두렵고 아픈 작업이다. 그러나 자신과 마주하고 억눌렸던 감정을 인정하고 나면 점점 상처는 아물고 내적인 성장의 폭은 획기적으로 증폭된다.

거울명상을 전파하고 있는 김상운 작가는 감정은 충분히 인정받았다고 느낄 때 무한한 마음속으로 사라진다고 하였다. 그러나 대부분 사람은 억눌려진 감정을 의식하지 못한 채 운명을 탓하며 살아간다. 그중 한 사례는 다음과 같다. 20여 년 전 이혼한 여인이 있다. 그녀는 퇴직할 시기도 다가오던 터에 오랫동안 자기를 좋아하던 남자와 재혼하게 되었다. 그런데 놀랍게도 그는 전남편과 너무나 비슷했다. 남들에게는 잘하지만, 집에 돌아와서는 까다롭고 지적질을 일삼았다. 심지어 생긴 모습까지 점점 비슷해지는 것 같다고 했다. 가족들도 어쩜 그렇게 비슷한 남자를 또 만났느냐고 놀라워했다. 그녀는 전남편이 싫어서 헤어졌는데, 왜 성격은 물론 외모까지 닮은 남자를 남편으로 만나게 됐는지 알 수 없었다.

김상운 작가는 이 여성의 무의식 속엔 남편에 대한 강한 미움이 억눌려있다고 했다. 비록 20년이란 세월이 흘렀지만 미움을 청산하지 않은 채 새 남편을 만났다. 미움은 미움과 공명한다. 무의식 속에 마음이 억눌려있는 남자를 새 남편으로 끌어들였다. 놀라운 것은 전남편도 역시 미움이 억눌려있던 남자였다는 것이다. 그럼 왜 이 여성은 그런 전남편을 만났던 걸까? 어린 시절 아버지에 대한 미움을 청산하지 않았기 때문이다. 사연자의 아버지는 술을 좋아하고, 남에게는 잘하지만, 가정에는 성실하지 못한 분이었다고 했다. 술 마시는 문제만 빼고는 세 남자가 너무나 비슷했다. 부모님은 정말 많이 싸우셨는데 그걸 보며 차라리 이혼하는 편이 자녀들을 지키는 것이라는 생각도 했었다고 했다. 아버지를 닮은 전남편을 만나고, 전남편을 닮은 새 남편을 만나고…. 이 고리는 끊어버릴 수 없는 건지 너무나 답답해했다.

무의식에 어떤 감정이 청산되지 않고 억눌려있으면, 계속 그 감정과 공명하는 대상이나 현상이 계속 펼쳐진다. 결국, 근본 감정을 자각해야 한다. 자기관찰을 통해 모든 것은 내 마음에서 일어나는 현상이라는 것을 인식하는 것이다. 그다음에 내 감정을 인정하고 흘려보내야 한다. 그러면 힘을 잃는다. 모든 에너지는 인정해주면 흘러간다. 무의식이 정화된다. 이러한 과정을 통해 인간은 진실로 성숙해진다. 고통을 스스로 겪고 극복해 낸 자는 미움을 연민으로 승화시키며 너그러운 성품을 지닌 사람이 된다.

자신을 모르는 자는 아무것도 사랑하지 못한다. 그러나 자신을 이해하는 자는 누구도 사랑할 수 있다. 사랑이 실패하는 이유는 나로 시작해서 나로부터 극복된다. 내가 사랑 에너지의 사용자이기 때문이다.

공감의 결핍

사랑이 실패하는 이유는 상대를 이해하고 공감하지 못하기 때문이다.

자기 인식

타인을 사랑하기 위해서는 먼저 나 자신을 이해하고 준비해야 한다.

감정의 청산

내면의 감정을 인정하고 흘려보내야 성숙한 관계가 가능하다.

신이 준 사랑, 축복인가? 저주인가?

아폴론은 그리스 신화에서 예언과 음악, 그리고 미의 신으로 알려져 있다. 어느 날 아폴론이 사랑의 신 큐피드의 활 솜씨를 놀리자, 화가 난 큐피드는 아폴론에게 황금 화살을 쏴 강의 신 페네오스의 딸 다프네와 사랑에 빠지게 한다. 그리고 다프네에게는 납 화살을 쏴 아폴론을 증오하게 한다. 아폴론은 다프네라는 아름다운 나무 요정을 보고 첫눈에 반하게 된다. 황금 화살을 맞은 그의 사랑은 강렬했다. 하지만 납 화살을 맞은 다프네는 그의 마음을 받아들이지 않았다. 그녀는 자유를 사랑하며 결혼이라는 구속을 원하지 않았다. 아폴론은 다프네를 사랑하는 마음을 억제할 수 없었고, 그녀를 쫓기 시작했다. 다프네는 그를 피해 도망쳤고, 결국 그녀의 아버지인 강의 신 피네오스에게 도움을 청하게 된다. 피네오스는 딸의 절망적인 부탁을 듣고, 다프네를 월계수 나무로 변화시키는 주문을 외운다. 아폴론이 다프네에게 다가갈 때, 그녀는 이미 월계수 나무로 변해 있었다. 아폴론은 그녀를 더 이상 사랑으로 가질 수 없게 된 것에 대한 슬픔을 느꼈다. 그는 그녀가 변한 월계수 나무를 자신의 신성한 나무로 선포하며, 면류관을 엮어서 머리에 쓰고 다녔다. 그녀에 대한 그의 사랑을 영원히 기렸다.

이 이야기는 사랑의 강렬함과 그로 인한 비극, 그리고 사랑하는 사람을 잃은 후의 슬픔을 감동적으로 그려내고 있다. 아폴론의 사랑은 다프네에게는 고통이었지만, 그녀를 사랑하는 마음을 멈출 수 없었다. 아폴론과 다프네의 신화는 일방적인 사랑의 아픔과 그것이 가져오는 비극적인 결과를 잘 보여준다.

큐피드의 화살에 관한 이야기는 사랑의 이중성에 대한 교훈을 담고 있다. 큐피드의 화살 중 하나는 황금으로 만든 것으로, 이 화살에 맞는 사람은 누구든 사랑에 빠져버린다. 반면에 다른 하나는 납으로 만든 것으로, 이 화살에 맞은 사람은 혐오의 감정에 빠지게 되는 것이다. 신은 인간에게 이러한 사랑을 선물하였다. 이것은 축복일까? 저주일까? 누구에게는 축복이며 누구에게는 저주일 것이다. 사랑이 축복이 되기 위해선 나도 좋지만, 상대도 좋아야 한다. 나만 좋고 상대는 고통스럽다면 이는 저주이다. 사랑은 성숙한 인간으로 가기 위한 신이 만든 시험이다. 이 시험을 잘 통과하기 위해선 열심히 사랑을 배우고 기술을 익혀야 한다. 사랑은 저절로 노력 없이 통과되는 시험이 아니다. 인간존재로서 풀어야 할 인생 과제이다. 신은 누구에게나 사랑을 주었지만, 누구나 사랑을 할 수는 없다. 사랑은 누구나 쉽게 탐닉할 수 있는 즐거운 감정이 아니다.

사랑에도 창조적 파워에너지가 있고 파괴적 포스에너지가 있다. 이 둘은 동전의 양면처럼 같이 붙어 있다. 사랑의 창조적 파워에너지는 영혼의 에너지로 생명을 창조하며 삶의 활기를 불어 넣어준다. 다른 사람뿐만 아니라 나 자신을 구하는 에너지이다. 생(生)의 에너지이다. 기쁨, 감사, 행복, 배려, 자비, 평안 등이다. 사랑의 파괴적 포스에너지는 불안과 두려움의 에너지로 분열과 실패를 창조한다. 삶을 고통으로 몰아넣는다. 다른 사람뿐만 아니라 자기 자신을 파괴하는 에너지이다. 죽음의 에너지이다. 증오, 집착, 후회, 낙심, 무기력, 죄책감 등이다. 이러한 사랑의 양면적 에너지는 모든 만물처럼 음과 양으로 함께한다. 기쁨, 감사, 행복은 슬픔, 증오, 불행과 짝을 이룬다. 사랑의 파워에너지는 나를 평안으로 이끈다. 나의 인생 자체가 평화롭다. 반면에 사랑의 포스에너지는 나를 불안과 두려움으로 이끈다. 나의 인생 자체가 고통으로 흘러간다. 왜냐하면, 같은 주파수의 사람과 상황을 끊임없이 끌어들이기 때문이다. 증오하던 아버지 같은 사람하고 결혼을 하게 되고 다른 사람과 재혼했는데도 전남편과 똑같다는 것을 발견하는 이유이다. 이 모든 것은 내가 창조한다.

마더 테레사는 이렇게 말했다.

"오늘날 세계 최악의 병은 결핵도 나병도 아닙니다. 그것은 자신이 이 세상에서 아무 쓸모도 없는 사람이라고 느끼는 정신적 빈곤과 고독입니다."

40kg의 작고 꾸부정한 모습의 여성 마더 테레사는 오로지 사랑을 통해 세계를 감동시켰다. 수많은 군중이 자발적으로 그녀를 따랐고, 잠시라도

그녀를 보려고 수천 마일을 이동했다. 뜨거운 햇볕과 쏟아지는 빗속에서도 대중은 몇 시간 동안 서 있곤 했다. 이렇게 사람들을 스스로 움직이게 하는 기적은 그녀의 위대한 사랑의 힘 때문이었다. 그녀는 인간 본성의 고귀한 사랑과 아무 판단도 하지 않는 연민으로 사람을 대했다. 그것이 모든 것을 뛰어넘는 그녀만의 매력이었다. 이것이 사랑의 파워에너지의 저력이다. 그녀는 기금을 모으려고 하지도 않았다. 오직 그녀가 보살피고 인정했던 것은 인간의 존엄성과 가치라는 본유적인 가치였다. 어떤 사람이 보편적 진리의 원리를 삶으로 이행할 때 사람들은 그에게 이끌리게 된다.

사랑은 이중적이다. 사랑으로 행복하기도 하지만 사랑 때문에 불행해지기도 한다. 사랑이 행복이 되기 위해선 사랑을 주어야 한다. 사랑을 주려면 먼저 자신이 준비되어야 한다. 자신을 제대로 이해하고 사랑할 수 있어야 다른 대상에게 사랑을 줄 수 있다. 자신의 인간적 힘에 대한 믿음이 결여되어 있는 정도에 따라, 사람은 자기 자신을 주는 것, 즉 사랑하는 것을 두려워한다.

신의 축복으로서의 사랑을 하기 위해서는 자신 스스로 노력하고 끈기 있게 배워야 한다. 나의 사랑은 내가 만드는 것이다. 사랑의 근원지는 나 자신이다. 그러므로 나의 사랑은 나의 능력이다.

사랑은 나를 성숙으로 이끄는 영혼의 선생이다.

사랑은 축복이 되기도 하고, 때로는 고통과 저주가 되기도 한다.

사랑의 창조적 에너지는 생명을 살리고 영혼을 성장시킨다.

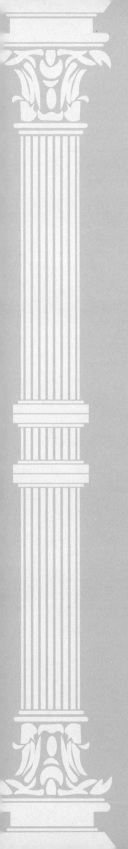
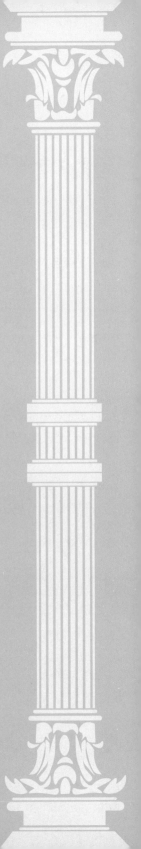

3

가족이
선생이다

가족은 정체성의 뿌리

　당신에게 아버지는 어떤 존재인가? 일본의 오노데라 아쓰코 교수의 연구조사에 따르면 아버지에 대해 '서로 이해하지 못한다.', '가치관이 다르다.'와 같이 응답한 비율이 어머니보다 훨씬 높았다. 이는 '어머니에 비해 아버지와 함께 하는 시간이 상대적으로 적다.'라는 것을 생각해 보면 당연하다. 그런데 여대생들에게 '인간적인 매력', '이성으로서의 매력', '부모님의 친화성'이라는 관점에서 평가해 본 결과가 눈길을 끌었다. '어머니를 너무나도 사랑하는 사람이었다.', '아버지와 어머니는 마음이 통하는 부부였다.', '아버지와 어머니는 솔직하게 의견을 나눌 수 있는 부부였다.'로 구성된 '부모님의 친화성' 항목의 득점이 높을수록 딸이 아버지에게 호감을 느낀다는 사실을 알 수 있었다. 이러한 조사결과는 아버지가 자신과 동성인 어머니를 소중하게 여기고 두 분의 사이가 좋을수록 아버지에 대한 호감을 느낀다는 것을 시사하고 있다. 아버지는 딸이 처음으로 접하는 이성이므로 이성을 선택할 때 롤 모델로서 기능한다. 그리고 딸은 무의식적으로 부모님의 관계성을 관찰하고 어머니라는 필터를 통해 간접적으로 아버지를 바라본다. 실제로 아버지의 가치관이나 성 역할에 대한 영향력은 어머니 못지않다.

한 토크쇼에서 배우 최화정이 높은 자존감의 비결에 관해 이야기한 적이 있다. 이는 아버지의 영향력이 얼마나 큰지를 잘 설명해주고 있다. 그녀는 통통 튀는 명랑한 목소리로 이렇게 말했다.

"나 어렸을 때만 해도 제사할 때 여자들이 절을 못 했어. 우리가 큰집에 가잖아. 그러면 우리 아빠가 막내인데도 "우리 집은 그런 거 없다." 하면서 윤희랑 다 와서 절하라고 그랬어. 어렸을 때부터 무조건 여자 남자 구별 없이…."

이를 듣고 있던 개그우먼 이영자는 화정 언니가 아빠한테 되게 사랑을 받았다. 그래서 언니는 세상 사람들이 다 자기를 사랑하는 줄 안다. 그런 자신감이 있다며 우리도 아빠의 사랑에 대한 로망이 있다면서 눈물을 훔쳤다.

사회를 이루는 최초의 단위는 가족이다. 그런데 가족은 특별한 사회이다. 가족은 사랑을 전제로 형성되었기 때문이다. 서로의 사회적, 경제적 이익이나 목적을 위해 만들어진 동업이나 동맹과는 다른 차원의 사회이다. 그래서 가족을 이끄는 창조적 에너지는 모성애, 부성애, 형제애 같은 사랑이다. 이러한 사랑을 바탕으로 자손의 성장과 적응, 독립을 돕고 함께 평생을 살아갈 근본신뢰의 장이 가족이다. 부부관계는 자식들의 성격을 구성하는 가장 중요한 인적환경이다. 이러한 환경은 우리 아이들이 성장하는 동안 깊은 인상을 남기며 무의식에 저장되기 때문이다. 경제적으로 어려운 환경에서도 부부 간에 서로 존중하고 열심히 살아가는 모습을 보여준다면 아버지의 말은 아이의 삶의 가치관을 형성하는 데 지대한 영향을 미친다.

우리 집은 가난했다. 공무원이셨던 아버지가 친구와 같이 사업을 시작하시게 되면서 가정의 경제는 롤러코스터를 타기 시작했다. 성공과 배신, 부도, 그리고 재판이 지루하게 이어졌다. 그래도 아버지는 끊임없이 사업 아이디어를 냈고 사업화를 위해 노력하셨다. 가정주부였던 어머니는 생계를 맡아 취업전선에 뛰어들 수밖에 없었다. 근근이 모은 돈도 아버지의 사업자금으로 들어갔기 때문에 우리 5남매는 온종일 엄마 없이 지내야 했다. 그럼에도 불구하고 가난은 불행으로 느껴지지 않았다. 이는 아버지와 어머니가 크게 다투거나 어머니가 한 번도 우리 앞에서 아버지를 비난한 적이 없었기 때문이다. 가끔 말다툼도 있고 잔소리도 했었지만, 자식들에게는 결코 상대를 원망하는 모습을 보이지 않으셨다. 아버지가 경제적으로 무능했고, 가난에 시달렸음에도 불구하고 자식들 앞에서 아버지를 무시하지 않으신 어머니에게 감사함을 느낀다. 아버지가 돌아가신 후에도 아버지는 참 불쌍한 사람이라며 연민을 보여주셨다. 이러한 어머니의 영향 때문인지 아버지 말씀은 가볍게 들리지 않았었다. 내가 글을 쓰게 된 것도 아버지의 말씀 때문이었다. 폐암으로 돌아가신 아버지 영정 앞에서 다짐했던 말이 '책을 쓰겠습니다.'였다. '내가 무슨….'이라고 제쳐두고 있었지만, 책을 써보라는 아버지의 말씀이 항상 내 가슴에 남아 있었기 때문이다. 늦게나마 작가의 길이 내가 가야 할 길이라고 정하게 된 것도 아버지의 영향이었다.

부부관계가 자녀의 가치관이나 정체성 형성에 직접적인 영향을 준다는 사실은 지금의 나를 돌아보게 한다. 지금 남편과의 관계는 어떠한가? 또는 아내와의 관계는 어떠한가? 부부관계가 좋아야 한다는 것은 다들 잘 알지만, 실제 많은 부부는 자신들의 문제에 매몰되어 아이들 앞에서 여과 없이 그대로 감정들을 드러낸다. 남편에 대한 욕설과 저주를 퍼부으면서 아이를 자기편으로 끌어들이거나 반대로 아이에게 투사해 학대하는 경우도 있다. 심지어 아버지 편을 든다고 아이를 미워하는 어머니도 있다. 이와 같이 부모의 제어되지 않는 감정 표출은 아이를 불안으로 몰아넣는다. 어느 편을 들어야 할지 혼란스럽게 한다. 상대에 대한 부모의 적대적인 태도로 인해, 아이도 한쪽 편을 들어 다른 쪽을 같이 미워하게 되고 심지어 절연이라는 극단적인 선택을 하는 경우도 있다. 그러나 이러한 선택을 하게 된 자식은 깊은 죄책감에 시달리게 된다는 사실을 부모는 미처 생각하지 못한다.

미성숙한 부모의 사랑은 자녀에게 독이 된다. 그 독은 자녀들의 내부 깊이 퍼져나가 아이의 정신과 마음, 그리고 몸을 망가뜨린다. 가족이 행복한가 불행한가는 결코 물질적인 환경에서 오는 것이 아니다. 아이의 정체성이 긍정적인지 부정적인지는 부모의 삶의 태도에 따라 달라진다.

성숙한 부모는 자신의 긍정적인 삶의 태도로 아이를 대한다. 아이의 기질과 부모의 삶의 태도는 아이의 정체성을 형성하는 뿌리가 된다. 어린 시절에 형성된 정체성은 앞으로의 삶을 살아가는데 지표가 되고 방향이 된다. 가족은 정체성의 뿌리 깊은 나무이다. 세상 속에서 아무리 휘둘리더라도 뿌리 깊은 나무는 쉽게 뽑히지 않는다. 부모의 성숙한 사랑은 정체성이 흔들릴 때마다 자식들을 보듬어 다시 삶을 준비시켜주는 창조적 생명 에너지이다. 어떤 비난도 받지 않고 몸을 기대고 편히 쉬면서 에너지를 충전할 수 있는 곳이 바로 가족이 된다. 이제 가족은 인간성을 지켜낼 수 있는 마지막 보루이다. 나아가 인류의 행복을 꽃피울 수 있는 뿌리 깊은 나무이다. 가족이 대안이다. 부모가 바로 서야 가족이 바로 서고 인류가 바로 선다. 이것이 궁극적인 부모의 존재이유이며 역할이다.

현대의 사회가 아무리 급속한 디지털화와 지독한 개인주의, 만혼 현상, 이혼율 증대, 저출산, 고령화에 따른 노인증가 등으로 암울한 변화를 보이고 있더라도 가족의 본질적 의미와 가치는 변함이 없다. 오히려 가족 고유의 역할이 더 중요해졌다. 서로 돕고 지원해줘야 한다. 그 어느 때보다 부모의 사랑이 절실해진 것이다.

건강한 부모의 사랑 위에서 자녀들은 가지를 뻗고 튼실한 열매를 맺는다.

정체성의 형성

가족은 나의 정체성과 가치관을 형성하는 뿌리 깊은 나무이다.

부모의 영향

부모의 성숙한 삶의 태도가 아이의 정체성과 미래를 결정한다.

안식의 공간

가족은 어떤 비난도 받지 않고 몸과 마음을 기대어 충전할 수 있는 곳이다.

우리 가족의 대화는 안녕한가?

결혼한 부부들이 싸우는 이유 대부분은 '말을 이쁘게 하지 않아서'이다. 상대가 틀린 말을 하는 것도 아닌데 들으면 기분이 상하고 관계를 안 좋게 만든다. 사실 부부갈등에는 잦은 부부싸움, 소통의 어려움, 배우자의 외도, 고부갈등, 육아 문제 등 다양한 어려움이 있다. 이러한 문제들은 부부라면 예외 없이 누구에게나 생길 수 있다. 하지만 대화를 잘해나가면 대부분 풀어낼 수 있는 과제들이다.

태초에 '하느님이 이르시되 빛이 있으라 하시니 빛이 있었고.'라는 성경 말씀이 있듯이, '말 한마디로 천 냥 빚을 갚는다.'라고 하는 속담이 무색할 정도로 말의 에너지는 강력하기 때문이다.

'나는 너와의 관계 속에서 존재한다.'라고 한 철학자 마틴 부버의 말대로 부부는 나를 존재하게 하는 가장 가깝고 소중한 관계이다. 서로가 사랑했고 평생을 함께하자고 언약한 사이이다. 그런데 아이러니하게도 가까운 사이일수록 말을 가려서 하지 않는다. 연예할 때는 잘 보이고 싶어서 주의하고 배려하지만, 결혼하고 나면 일상을 함께 하면서 익숙해지고 무감각해진다. 점점 주의하지 않는다. 함부로 말하고 예의가 없어진다. 오히려 상대의 아픔을 건들거나 상처받은 자존감을 들쑤신다. 사랑이라는 이름으로 등판하는 무례함으로 서로에게 상처를 입히고 상처를 받는다. 상처를 받으면 그 상처를 끌어안고 또 상대를 공격한다. 한마디 한마디 꼬투리 잡아 집요하게 물고 늘어진다. 세 치의 혀로 쏟아내는 언어의 난투극은 생존투쟁이 된다. 어떻게 하면 더 강한 타격을 입힐 수 있을지 서로 경쟁이라도 하듯이 폭언으로 서로를 해하게 된다.

우리는 왜 사랑하는 가장 가까운 남편이나 아내, 자식, 부모 같은 가족에게 예의 없이 말하는 것일까? 나를 다 이해해 줄 거라는 생각 때문이라는 항변은 너무 배려 없는 이기적인 생각이다. 편안하기 때문이라는 것도 유치한 핑계에 불과하다. 나의 경우 특히 어머니와의 관계가 그러하다. 어머니는 관절염으로 다리가 아프셨다. 이번에 인공관절 수술을 하고 걷는 연습을 하면서 회복 중이시다. 그런데도 마트에 다녀올 때마다 시장바구니를 같이 들자고 하신다. 아무리 무겁지 않다고, 괜찮다고 해도 계속 그러신다. 나도 모르게 화가 치밀어오르는 것을 느낀다. 말이 곱게 나가지 않는다. 물론 무거울까 봐, 또는 미안해서 같이 들어주고 싶은 마음 때문이라는 것은 안다. 하지만 그럴 상황이 아니지 않은가? 이런 상황이 있을 때마다 날카로워지는 나 자신에 대해 생각이 많아진다. 예쁘게 말하지 못해 어머니한테 미안해진다. 그렇게 될 때면 어머니와 한동안 어색해져 말없이 걷기만 한다.

인지심리학자 김경일 박사는 이렇게 설명한다. 친밀한 대상, 예를 들어 엄마를 인지하는 뇌의 부위와 자기를 인지하는 뇌의 부위가 아주 가깝다고 한다. 그래서 내가 보고 싶지 않은 모습을 상대에게서 보면 자신의 부족함이 느껴져 화가 치밀어 오른다. 이는 내 안의 무의식적 반응이다. 자식과의 관계도 예외가 아니다. 이제 컸다고 예의가 없게 구는 아이를 보면 부모는 속이 상한다. 섭섭하기도 하고 노엽기도 하다. 그러나 아이를 탓해봐야 소용이 없다. 왜냐면 그렇게 된 것은 대부분 부모에게 원인이 있기 때문이다. 부모가 자신의 결핍을 아이에게 투사한 결과이다. 아이는 투사된 부모의 그림자를 흡수하며 자신의 성격을 형성한다.

말은 사람의 기를 살리기도 하고 사람의 기를 죽이기도 한다. 기가 살면 자신의 모든 잠재된 에너지가 살아난다. 생기 있고 활기차다. 반면에 기가 지속적으로 죽게 되면 기진맥진(氣盡脈盡)이 된다. 기진맥진은 아무 활동을 할 수 없는 상태다. 살아도 아무런 의욕이 없다. 부부 상담을 받으러 온 부부들의 사연을 보면 '대화가 없다.'이다. 대화가 없는 것은 대화가 안 되기 때문이다. 대화가 없으니 공감할 기회가 없다. 서로의 상황을 이해하지 못한 채 시간만 간다. 시간이 갈수록 각자의 왜곡된 해석으로 오해가 쌓이고 불만이 누적된다. 이제 말만 하면 피해의식에 발끈하고 감정이 폭발한다. 장면마다 감정이 일어나니 감정에서 헤어나오는 것이 점점 힘들어진다. 심리 치료극을 하면서 상대의 입장이 되어보고 나서야 자신의 태도가 보이는 경우가 많은데, 이는 서로의 입장에 대한 이해의 차이를 방증하고 있다.

우리는 말의 힘에 대해 잘 알고 있다. 대화를 통해 많은 문제를 해결하고 관계를 더욱 돈독히 할 수 있다는 것을 말이다. 우리 가족의 대화가 잘되고 있다면 어떤 문제도 지혜롭게 대처해 나가고 있을 가능성이 크다. 그런 가족은 행복하다. 그러나 만약 대화에 문제가 있다면 매일매일이 고통이다. 적극적으로 고민하고 고통에서 벗어날 방법을 찾아야 한다. 대화는 우리 몸속의 핏줄과 같다. 영양소는 전달하고 병균은 퇴치한다. 대화가 막히면 우리 가족의 혈관도 막힌다. 병이 찾아온다.

대화는 가족을 살게 하는 생명줄이다.

소통의 부재

가족의 문제는 대화의 단절에서 시작되며 진짜 문제를 키운다.

가족의 대화

대화는 가족을 살게 하는 생명줄이다.

부부의 창조적 대화법

대화가 안 되는 이유는 뭘까? 어떻게 해야 대화를 잘할 수 있을까? 대화를 통해서 정말 관계가 좋아질 수 있을까? 대화를 뜻하는 어휘 'dialogue'는 그리스어 'dialogos'에서 유래했다. 'dia'는 영어로 'though', '통과하여', '사이로' 등의 뜻이고, 'logos'는 'word', 즉 말을 뜻한다. 어원을 보면 대화는 우리 내부와 사람들 사이를 통과하여 흐르는 '말의 흐름' 즉, '의미의 흐름'이라고 설명할 수 있다.

양자역학의 세계적인 권위자이며 철학적 사색가 데이비드 봄은 대화는 사람들 사이에서 의미의 흐름을 가능하게 해준다고 하였다. 이를 통해서 새로운 이해가 출현할 가능성도 있다. 이렇게 대화하는 사람들 간에 공유된 의미는 사람들을 하나로 묶어주는 접착제 혹은 시멘트 역할을 한다고 강조하였다.

대화는 토론과는 다르다. 토론이라는 뜻의 'discussion'은 'percussion(충돌)', 'concussion(충격)' 등의 단어와 같은 어원을 갖고 있다. 각기 다른 관점을 제시하며, 제시된 관점을 분석하고 나눈다. 데이비드 봄은 토론도 분명 나름의 가치가 있지만, 토론에서는 마치 탁구게임처럼 점수를 따고 이기는 것에 중점을 둔다고 하였다.

반면에 대화에서는 누구도 이기려고 하지 않는다. 자신의 견해로 상대를 설득시키려는 시도도 없다. 대화는 거래나 협상이 아니다. 그가 말하는 진정한 대화는 의미의 공유이며 사전에 정해진 의제가 없다. 자유롭게 대화를 하면서 공통 의미가 만들어지고 함께 공통 작업에 참여하는 관계를 이끈다. 이를 이해하기 위해서는 대화의 과정을 살펴보면 된다. 우리가 대화할 때는 한 사람이 말하고, 상대가 그에게 반응하게 된다. 그런데 이러한 상호작용 안에 오류가 존재한다. 처음 이야기를 꺼낸 사람은 상대가 반응하는 것을 보고 자신이 말하려고 했던 것과 상대가 이해한 것에 차이가 있음을 인식한다. 이런 차이를 인지하고 생각하는 과정에서 자신의 관점과 상대의 관점 모두와 관련된 새로운 어떤 것을 발견할 수도 있다. 이것이 창조적인 대화이다. 창조적인 대화를 지속하다 보면 공통 의미를 발견하게 되고 가족 공동체는 적극적으로 진화한다.

부부가 대화할 때, 그리고 가족 간에 대화할 때 우리가 흔히 하는 실수가 바로 이기려고 하는 태도이다. 자신의 생각을 주장하고 상대를 설득하려 할 때 대화의 본질을 놓치게 된다. 대화를 통해 공통 의미가 만들어지고 접착제처럼 가족을 끈끈하게 해주는 경험조차 할 기회가 없어진다. 대화를 하면 할수록 더 감정의 골만 깊어진다.

따라서 대화에서 꼭 지켜야 하는 조건은 첫 번째, 상대에게 어떤 영향을 주려는 의도가 없어야 한다는 것이다. 이것이 전제되어야 진정한 대화를 시작할 수 있다. 충고한다거나 상대를 평가하고 판단하겠다는 태도는 위험하다. 진실된 대화를 이끌 수 없는 가장 큰 걸림돌이다. 한두 번은 들어줄 수 있겠지만 누가 이런 사람과 더 대화하고 싶겠는가. 교장 선생님의 훈화 말씀처럼 지루하기 짝이 없다. "이래야 한다, 저래야 한다. 이건 틀렸다. 내가 맞다." 하는 말들이 오가는 대화는 이미 대화가 아니다. 자신도 모르게 가스라이팅을 하고 있을 수도 있다. "너는 안 돼. 그건 네 생각이 잘못된 거지. 내가 아니면 누가 이런 말을 해주겠니? 다 너를 생각해서 하는 말이야."라는 말을 하고 있다면 나는 가해자가 되고 있는 것이다. 흔히 하는 남편이 아내의 외모를 깎아내리는 말도 예외가 아니다. 상대를 주눅 들게 만들고 자존감이 바닥으로 떨어지게 만드는 일종의 가스라이팅이다. 감정적 학대이다. 우리는 스스로 자신의 언어를 점검해 봐야 한다.

심리적으로 상대를 깎아내리는 대화의 이면에는 두려움이 있다. 상대가 나를 떠날지도 모른다는 불안이 있는 것이다. 이러한 자신의 내면을 잘 들여다볼 수 있어야 한다. 우리에게 이러한 내면의 불안이 있다면 진실하게 말하면 된다. 또한, 상대에게 이러한 내면의 불안이 있다는 것을 이해한다면 진정성 있게 말해주면 된다. "나는 당신을 너무 사랑하고 언제까지나 함께 하고 싶다."라고 말해줌으로써 불안에서 벗어나 안정되고 신뢰 있는 관계로 발전할 수 있다. 이러한 창조적인 대화를 통해 '사랑하는 가족'이라는 공통 의미를 발견했기 때문이다. 따라서 우리가 주의를 기울이고 관심을 가져야 할 것은 인간에 대한 진실성과 일관성이어야 한다. 또한, 필요하다면 자신의 기존 생각과 태도를 버리고 다른 것을 택할 준비가 되어 있어야 한다. 자신의 사고를 거쳐 나온 기존의 생각을 유지하고 방어하려 한다면 결과는 실패이다. 갈등만 가중시키는 고통스러운 대화가 된다.

대화를 잘하는 두 번째 조건은 대화를 통해 서로의 부족함을 채우려고 하지 않는 것이다. 오히려 서로의 풍족함을 나누려고 해야 한다. 의존하거나 요구하지 않는다. 원하고 바라는 게 많으면 실망이 따른다. 우리는 타인을 바꾸는 것은 어려운 일이라는 것을 잘 알고 있으면서도 부부라는 관계를 이용해 상대를 바꾸려고 한다. 그래서 대화가 어려워진다. 반대로 상대에 억지로 맞추려는 행동 또한 오래가지 못한다. 결국, 갈등을 초래한다. 나의 주장이나 생각으로 상대를 설득시키겠다거나 상대에 억지로 맞추겠다는 태도로는 대화 속에서 새로운 의미를 발견할 수 없다. 아무런 소득이 없다고 느낄 때 서로의 대화는 소원해질 수밖에 없다. '대화하면 할수록 상대의 요구가 부담스럽고 피곤하다.'로 결론지어지기 일쑤이다.

세 번째는 상대의 말에 자발적으로 귀를 기울이는 것이다. 대화가 어려운 사람의 특징은 상대의 애기를 들어주지 않는 것이다. 오히려 자신을 방어하기 위해 어떤 말을 해야 할지를 찾아 무장하고 공격할 준비를 한다. 상대가 얘기할 때 내가 할 말을 생각하고 있다. 이럴 때는 아무리 대화를 해도 소용이 없다. 오히려 갈등의 틈새만 더 벌어지는 경우가 허다하다. 부부 상담을 받은 사람들의 후기를 보면 "일단 누군가에게 털어놓을 수 있다는 것 자체가 후련했다."라는 말이 가장 많다. 누군가에게 말하는 것만으로도 치유되었다는 것이다. 이렇게 속이 뻥 뚫리는 것처럼 시원해지는 이유는 상담자가 관심을 갖고 잘 들어주기 때문이다. 들어주는 것만으로도 마음이 열린다.

공감이 되지 않으면 대화를 할 수 없다. 공감하기 위해선 관심을 두고 상대의 이야기를 들어보아야 한다. 상대의 상황이 이해가 되어야 진정한 공감을 할 수 있다. 그래서 물어봐 주어야 한다. "요즘 마음이 어때? 밥을 잘못 먹는 것 같은데 무슨 일 있어?" "피곤해 보이네. 오늘 하루 어땠어?"라는 말은 관심과 사랑으로 느껴진다. 물어봐 주고 들어 주면서 가족은 서로의 존재에 대한 감사함을 느끼고 문제를 극복할 힘과 용기를 얻는다. 이것이 가족이라는 공동체만이 줄 수 있는 무조건적인 공감의 힘이다. 너의 힘듦을 나누고 너의 고통을 함께 느끼고 싶다는 메시지가 전달되면 마음은 감동을 한다. 마음이 열린다. 지지와 응원의 에너지를 받으면 용기와 희망이라는 긍정적인 태도를 갖게 한다.

네 번째는 서로의 말을 잘 듣고 이들 간의 공통 의미를 찾으려는 태도이다. 이것이 가장 중요하다. 대화를 잘하는 부부의 사이가 좋은 것은 문제가 없어져서가 아니다. 대화를 통해 "우리는 서로 사랑하는 가족이야."라는 공통 의미가 공유되었고 참여의식이 생겨 공감대가 형성되었기 때문이다. 이러한 공통 의미가 점점 대화 당사자 간에 공유되기 시작하면 진정한 대화가 되는 것이다. 대화를 통해 구성원들은 가족 내에서 일어나는 문제에 대해 주체적이고 적극적인 참여자가 된다. 문제에 대해 해결하려는 의식이 공유된 것이다. 해결책은 대화를 통해 자연스럽게 발견된다. 이것이 대화라는 활동의 유용성이다.

다섯 번째는 대화할 때 남을 탓하는 방식으로 하지 않는다. 자기감정의 원인을 상대에게 찾지 않는다. 자신의 욕구에서 찾는다. 사람은 상대의 말에서 품고 있는 정서를 민감하게 알아챈다. 아무리 맞는 말을 하더라도 상대를 무시하거나 원망한다는 태도가 느껴지면 마음의 문을 닫는다. 진실성 있는 대화는 상대의 마음을 연다. 말을 잘하지 못하더라도 자신의 욕구를 솔직하고 진솔하게 말한다는 것을 느끼기 때문이다. 상대에 대한 이야기를 하는 것이 아니라 내가 왜 이런 이야기를 하는지를 가식 없이 말하면 된다. 이럴 때만이 듣는 상대도 오해 없이 있는 그대로 귀 기울여 듣게 된다. 『마음의 지혜』에서 김경일 교수는 원하는 것을 잘 숨기고 꾹꾹 눌러 담을수록 원숙한 인간이라는 생각은 착각이라고 한다. 나이가 들면서 가져야 하는 중요한 능력 중 하나가 자기 욕망을 솔직하면서도 품위 있게 말하는 것이라고 한다. 참으로 지혜로운 방법이다.

마지막으로, 진짜 대화를 잘하는 부부들은 따로 주제를 정하지 않는다. 대화가 일상이고 일상이 대화이다. 일상의 삶에서 대화하며 함께 공유하고 공동의미를 찾는다. 가족의 대소사에 적극적으로 참여한다. 능동적인 참여자로서 가족을 함께 이끌어간다. '대화정신'을 가지고 대화를 시작하면서 달라지기 시작한다. 대화가 어려운 부부일수록 날을 잡아 마음잡고 대화를 한다. 문제가 있을 때만 대화를 한다. 평소에는 대화할 필요성을 느끼지 않는다. 대화가 많지 않으니 함께 의미를 공유하는 일도 적어지고 가족의 일에 주체적인 참여의식도 줄어든다. 문제가 있을 때만 대화하니 대화는 항상 무겁고 심각하다. 대화의 즐거움을 경험하지 못한다. 대화가 뜸해지니

사이가 소원해지고 할 말은 계속 줄어든다.

특별한 문제가 없어도 10년 넘게 각방 생활하는 부부도 있다. 한 남편의 사연은 여행을 가도 각방을 예약하고 같이 자더라도 바닥에 내려가 따로 잔다고 한다. 붙어 있으면 자연적으로 싸우게 되기 때문이다. 차라리 말하지 않는 것이 낫다는 것이다. 그러니 점점 대화가 없어진다. 16년을 같이 살았는데 남편과 같이 있으면 왜 이렇게 어색한지 모르겠다는 아내도 있다. 같이 차를 타고 가면 옆집 아저씨와 같이 있는 것 같다고 한다. 상대가 무엇을 좋아하는지, 무엇이 힘든지 모른 채 10년, 20년을 대화 없이 지내온 당연한 결과이다. 서로 마음이 없는 것도 아닌데도 대화가 없으니 남처럼 살게 된다.

허구한 날 싸우거나 10년간 대화가 없는 부부에게 "그런데 왜 이혼하지 않습니까?"라고 질문해 보자. 그러면 "아이들이 있으니까요." "그래도 살림은 잘해요." 또는 "책임감은 있어요." 등의 이유를 댄다. 이 대답이 지침이 된다. 두 사람 사이에 공통 의미가 흐르고 있음을 알 수 있다. 이런 부부는 진정한 대화를 시작하면 곧 관계가 좋아질 수 있다. 때를 가리지 말고 일상에서 수시로 대화를 나누기 시작해야 한다. 꼭 결론을 지으려 하지 말고 가볍게 주고받으면 된다. 이렇게 태도만 바꾼다면 대화를 통해 탈출구를 찾을 수 있다. 대화라는 활동 자체가 해결책의 성질을 갖고 있다고 한 이유이다.

니체는 결혼생활은 길고도 긴 대화의 연속이라고 하였다. 결혼을 결정하기 전에 이 사람과 늙어서도 대화를 잘 나눌 수 있는지 깊이 생각해 봐야 한다. 늙어서도 친구처럼 대화할 수 있는 관계가 이상적인 결혼이다.

언어는 인간에게만 허용된 신의 도구이다. 인류는 언어를 통해 삶의 문제들을 공유하고 함께 해결하였다. 새로운 창조적 역사를 쓸 수 있었다. 결혼생활도 삶이다. 결혼생활에서 다양한 문제들이 생긴다는 것은 너무도 당연한 일이다. 그러므로 언어라는 도구를 잘 사용할 때 결혼이라는 창조적 역사를 잘 써나갈 수 있다.

대화는 결혼생활의 과제를 풀 수 있도록 신이 보내준 선생이다.

대화의 본질

대화는 상대를 설득하거나 이기려는 것이 아니라, 의미를 공유하며 공통의 의미를 발견하는 과정이다.

대화의 조건

상대의 이야기를 진정성 있게 듣고, 공감을 통해 신뢰를 형성하는 것이 대화의 핵심이다.

일상적 대화의 중요성

문제가 없더라도 일상에서 자주 가벼운 대화를 나누는 것이 부부 관계를 회복하는 첫걸음이다.

고통의 대물림, 윤회의 고리를 끊어라

가족의 문제는 단순하지가 않다. 아이의 문제는 부모의 문제로 일어나고 부모의 문제는 다시 어린 시절 부모로부터 물려받았던 유전과 환경에 기인하기 때문이다. 가족은 바로 나의 까르마가 윤회 되는 현장이다. 단순히 '나 하나의 문제'로 끝나지 않는다. 더군다나 가족은 사회를 구성하는 최초의 단위이기 때문에 더욱 복잡하다.

나는 몬테소리 교육을 전공하고 교육 분야에 종사한 지 28년이 되었다. 교사교육이나 교육기관에서만 일하다가 가정 현장의 아이들을 만나면서 비로소 다양한 가정환경에서 아이들이 어떻게 살아가는지 알게 되었다. 부모의 인식변화가 필요함을 절감하게 되었다. 부모는 아이를 잘 알아야 한다. 그리고 아이를 통해 자신을 발견할 수 있어야 한다. 부모가 자신을 잘 알아야 아이의 발달을 방해하지 않고 제대로 도울 수 있다. 왜냐하면, 아이의 모든 환경을 결정하는 권한이 부모한테 있기 때문이다. 성숙한 부모 밑에서 자란 아이는 스스로 제 갈 길을 잘 찾아간다. 부모가 관건이다.

가정방문 수업을 하면서 만난 6세 남아가 있다. 영어유치원을 다니는 아이는 한글 수업을 거부하고 있었다. 어머니는 아이 눈치를 살피며 어떻게 할지 몰라 했다. 처음 만난 날, 역시나 아이는 본체만체하며 혼자서 돌아앉아 책을 꺼내 보고 있었다. 그림을 보고 있었다는 것이 정확할 것이다. 천천히 다가가 아이가 보고 있는 책에 관해 관심을 보여주니 다행히 아이가 반응하기 시작했다. 아이도 내심 기다리고 있었다는 것을 느낄 수 있었다. 어머니는 아이가 ADHD가 아닌지 의심할 정도로 집중력이 부족하다고 하셨는데 아이는 벽에 붙여진 태양계 이야기를 꺼내자 흠뻑 빠져들었다. 1시간 30분 동안 책도 읽고 스케치 노트도 하며 집중했다. 수업을 거부하고 전혀 관심도 보이지 않던 6세짜리 아이와 이렇게 깊이 있는 대화를 나눌 수 있으리라 기대하지 못했다.

그러나 아이의 집중력은 일관되지 않았다. 감정의 기복이 심했다. 어느 날 어머님은 조심스럽게 아이를 위한 환경을 어떻게 준비하면 좋을지 상담을 요청하셨다. 남편과 아이와의 관계에 대해서도 속사정을 털어놓으셨다. 아이는 남편을 무서워하며, 남편은 아이를 어떻게 대해야 할지 몰라한다고 했다. 아이와 놀아주다가도 아이가 칭얼대면 구석에 몰아넣고 큰 덩치로 막곤 했었다고 한다. 아이가 얼마나 두려웠을지 그 불안감이 나에게도 전해지는 것 같았다. 사실 이런 일은 가정에서 비일비재하게 일어나는 일이다. 남편의 어린 시절에 어떤 어려움이 있었을 거라는 것을 직감할 수 있었다. 사연인즉 남편이 어렸을 때 시아버님이 외국으로 나가게 되었고 시어머님도 시아버님을 따라가셨다는 것이다. 그 이후로 남편은 6년간 부모와 떨어져 할머니 집에서 지냈다. 부모의 사랑을 제대로 받아본 적이 없는 남편은 정작 자신이 부모가 되어서 아이를 어떻게 대해야 할지 몰랐다. 아이가 떼를 쓰면 참지 못했다. 몸으로 아이를 구석으로 몰아넣고 위협을 했던 것도 방법을 몰라 그랬던 것이다. 지금도 시부모님과 남편과의 사이가 서먹서먹하다고 한다. 남편은 아이를 잘 키우고 싶지만 어떻게 해야 할지, 사랑을 어떻게 주어야 할지 경험해 보지 못한 것이다.

부모의 문제는 어린 시절 결핍에 기인한다. 어린 시절에 받았던 모든 인상은 고스란히 무의식에 저장된다. 그리고 지금은 미처 의식하지도 못한 채 자식이라는 대상을 통해 자신을 투사한다. 아이를 사랑하지만 어떻게 사랑해야 할지 방법을 모르는 부모는 자신의 결핍을 그대로 대물림하고 있다.

요즘 ADHD보다도 많아진 것이 분노조절장애이다. 그런데 아이뿐만 아니라 어른들에게 분노조절장애가 일상이 되고 있다. 분노는 내가 통제할 수 없는 상황 때문에 일어난다. 이는 아이의 문제는 부모의 문제에서 기인하는 것처럼 어른들의 분노조절장애도 어린 시절 부모로부터 받았던 억울함, 통제할 수 없는 상황에 대한 두려움을 반영한다. 부모의 결핍이 아이에게 대물림되는 것이다. 이제 다시 문제의 열쇠를 나 자신에게서 찾아야 한다. 다시 나에게로 돌아가야 한다. 수시로 나에게로 돌아가야만 문제를 근본적으로 풀어낼 수가 있다. 대물림하지 않도록 윤회의 고리를 끊어내야 할 사람은 바로 부모 자신이다. 부모가 바뀌는 것은 아이만을 위해서 좋은 일은 아니다. 부부의 관계도 좋아지고 주변 확대 가족에게까지 긍정적인 영향을 미친다. 아이의 문제가 해결되면서 가족에게 희망이 생긴다. 희망은 그 가족이 어떠한 어려움도 버틸 수 있게 하는 강력한 파워에너지로 작동한다.

부부간이나 부모와 자식 간에도 특정 단어를 듣거나, 상황이 되면 자신도 모르게 불쑥 튀어나오는 억눌렸던 부정적 그림자들이 있다. 욱하고 갑자기 분노가 치밀어 오르거나 한없이 우울해진다. 감정을 컨트롤 할 수가 없다. 이를 흔히 빨간버튼이라고 한다. 누구에게나 빨간버튼은 있다. 가장 주의하고 배려해야 할 부분이다. 그 빨간버튼은 어렸을 때 나의 원 가족으로부터 받았던 결핍과 정서적 허기에 기원을 두고 있다. 만약 이를 무시하거나 치유하지 못하면 내가 그랬던 것처럼 나의 자식들에게 그대로 투사된다. 자신도 모르게 아이를 학대하고 속박한다. 전쟁이 대를 이어 진행되는 것이다.

국민프로그램 금쪽 상담소에서 개그맨 이경애와 딸의 사연이 소개되었다. 너무 느린 딸과 너무 빠른 엄마 이경애의 기질 차이로 겪는 어려움을 다루었다. 이경애는 모든 선택이나 행동이 빠르고 한시도 쉬지 않고 끝없이 일을 벌이는 스타일이다. 이에 반해 딸은 감정뿐만 아니라 행동도 너무 둔해 엄마인 이경애는 속이 터진다고 했다. 오은영 박사는 모녀의 기질이 너무 안 맞는 '환장의 궁합'이라고 하였다. 그러면서 끊임없이 사업을 벌이며 한시도 가만히 있지 못하는 이경애에게서 위기반응이 있다고 진단했다. 지나치게 매사에 진지하고 매사에 적극적인 것이 바로 위기반응이다. 이러한 위기반응의 이면에는 불안이 있다. 또한, 딸이 4~5세 때부터 20세가 되면 독립하는 거라고 계속 주입시켜 왔다는 것에도 주목했다.

　개그맨 이경애는 어렸을 때 엄마 때문에 독립하고 싶어도 할 수가 없었다. 도박과 폭력을 휘두르는 아버지와 행상 다니는 어머니 사이에 수시로 일어나는 유혈사태로 어머니를 두고 집을 나올 수가 없었다. 이때 생긴 트라우마가 위기반응으로 이어진 것이다. 그녀는 늘 우울했고 '왜 태어났을까?' 고민하며 존재감 없는 어린 시절을 보냈다. 자살 시도를 할 만큼 힘들어하시는 엄마를 돕기 위해 중고등학교 때부터 아르바이트했고 개그맨 시점에 합격을 한 19세부터는 나이트클럽 일을 했다. 아버지를 매니저로 둔 것도 어머니를 괴롭히지 못하도록 하기 위함이었다. 하루도 쉬지 않고 일을 하게 하면서도 돈 한번 만져보지 못하게 한 아버지에게 자금관리를 맡긴 것도 어머니를 보호하기 위해서였다. 그녀가 지금까지도 끊임없이 일을 벌이는 것도 공포, 두려움, 불안을 상쇄하려는 몸부림이었고, 딸에게 독립을 과도하게 강요한 것도 가족에게서 받은 트라우마 때문이었다.

　상담을 통해 이경애는 딸과의 갈등이 자신의 트라우마로부터 기인했음을 깨닫게 되었다. 딸의 기질을 인정하고 자신의 결핍을 투사하는 것을 그만두어야겠다고 자각했다. 그녀는 반복될 수 있었던 윤회의 고리를 끊게 된 것이다. 엄마와 딸은 비로소 서로 다른 기질의 차이를 수용할 수 있었고 서로를 독립적인 존재로서 존중할 수 있게 되었다.

　가족은 이렇게 서로를 통해 배우고 아픔도 치유하면서 성숙한 인간으로 성장할 수 있는 관계이다. 이제 그들에게 빨간버튼은 점점 희미해져 갈 것이다. 부모의 성숙도는 가족의 행복을 결정한다. 아이의 문제는 부모의 문

제에 기인하기 때문이다. 따라서 부모의 성숙도에 따라 가족과 사회, 인류
는 달라진다. 부모가 천국으로 가는 베드로의 열쇠를 쥐고 있다. 부모가 희
망이다.

부모라는 역할은 나를 성숙한 인간으로 성장하도록 돕는 거룩한 선생이다.

가족의 상처

부모의 문제는 아이에게 대물림되며, 가족은 나의 까르마가 윤회되는 현장
이다.

변화의 자각

부모가 자신의 문제를 인정하고 해결할 때 윤회의 고리가 끊어진다.

부모가 희망

부모의 성숙도는 가족의 행복을 결정한다.

부모도 준비가 필요하다

자동차를 운전하려면 운전면허증을 따야 한다. 자동차와 교통규칙을 공부해서 필기시험에 합격해야 한다. 필기시험에만 합격했다고 자동차를 운전할 수 있는 것은 아니다. 다시 운전 연습을 해야 한다. 정해진 기간 동안 연습을 하고 실기시험에 통과해야 한다. 다음에는 도로에서 감각을 익히며 안전하게 운전할 수 있어야 한다. 자동차 운전면허증을 따고 나서도 한동안 자동차에 초보운전 딱지를 붙이고 다닌다. 사람들은 초보운전에 대해 배려해준다. 누구에게나 초보 시절이 있음을 잘 알고 있기 때문이다.

그런데 부모는 어떠한가? 하물며 자동차라는 사물도 사용하려면 면허증을 따야 하는데 대부분 부모는 결혼하고 아이를 낳으면 그냥 부모가 된다. 그리고 사회로부터 올바른 부모 노릇을 요구받는다. 아무도 부모가 되는 법을 가르쳐 주지 않는다. 용감하게 사랑에 빠져 결혼했지만 아이는 누구인지, 어떤 존재인지, 어떻게 키워야 할지 아이에 대해서 아는 바가 없다. 자신도 아이였지만 내가 어땠는지 기억이 없다. 아이를 모르니 아이를 어떻게 다루어야 할지도 난감하다. 귀동냥으로 주워들은 지식으로 아이를 낳고 모성애에 의지한 채 엄마가 되고 부성애에 이끌려 아빠가 된다. 아이를 키우면서 이렇게도 해보고 저렇게도 해보고 하면서 터득해나가야 한다. 그러는 사이에 아이는 지울 수 없는 상처와 결핍을 갖게 되고 부모 또한 힘들고 지친다.

이를 운전에 비유하면 무조건 자동차를 사서 그냥 도로에 끌고 나가는 꼴이다. 부딪쳐 보면서 교통규칙을 알아나가고 브레이크와 엑셀의 감각을 익히는 형상이다. 자동차를 찌그러뜨리고 타인뿐만 아니라 자신도 부딪치고 다쳐가면서 운전하는 법을 알아가야 한다면 누가 무서워서 자동차를 운전하겠는가? 그러나 아이러니하게도 부모는 스스로 자신의 길을 찾아가야 한다. 인간의 생명을 잉태하고 양육하고 독립시켜야 하는 고귀한 십자가는 고스란히 부모 당사자가 짊어지고 가야 한다.

나도 예외는 아니었다. 29세 아홉수에 남편과 소개팅한 지 6개월 만에 결혼했다. 임신도 쉽게 되어 출산하고 친정에서 산후조리를 했다. 외가에서도 아이는 처음 맞는 첫 손주였다. 산후휴가 2개월이 끝나자 출근해야 했기에 아이를 친정에 맡기기로 했다. 친정과 거리가 있어서 아이를 일주일에 한 번씩 가서 데려왔다. 아이에 대한 지식이 없었기 때문에 아이를 맡겨놨다가 주말에 데려왔다 하는 것이 얼마나 아이에게 불안정한 애착 환경이 되는지 생각하지 못했다. 그저 친정에서 온 정성을 다해 돌봐주고 있다는데 안도할 뿐이었다. 학부 때 교육심리학을 전공했지만, 아이를 몰랐다. 아이에게 정작 중요한 것이 무엇인지 알지 못했다. 다니던 회사는 다국적 기업이었지만 여자에 대한 처우는 다르지 않았다. 나이가 많아지고 아이를 키워야 하는 여직원에게 배려나 비전은 없었다. 아이를 양육하면서 할 수 있는 일을 찾다가 유치원을 해야겠다고 생각하고 유아교육을 공부하기로 했다. 그리고 운명처럼 몬테소리 교육을 만났다. 유학 가기 위해 퇴사를 해야만 했다. 주변 사람들은 그 좋은 조건의 회사를 그만두는 것을 이해하지 못했다. 그것도 아이 때문이라니 더욱 그랬다.

아이와의 함께하기 위한 선택이었지만 유학을 위해서 한 살 반 된 아이를 다시 1년을 떼어 놓아야 했다. 물론 미국에 데려와 유학 생활을 같이하고 마무리했지만, 여전히 아이에 대해 잘 몰랐다. 아이가 너무 소중했음에도 우리의 미래를 위해 공부한다고 아이와의 시간을 미뤄두기 일쑤였다.

0~3세는 일생에 가장 중요한 시기라는 것을 실감하게 된 것은 몬테소리 교육을 현장에서 실천하면서부터였다. 몬테소리 교육은 신선한 충격이었다. 수정에서부터 임신, 출산으로 이어지는 생명 창조의 신비에 경외감을 느꼈다. 질서의 민감기, 언어의 민감기, 감각의 민감기, 걷기의 민감기를 거치며 환경의 모든 것, 즉, 물질적 환경에 대한 인상뿐만 아니라 정성과 노력, 무심함과 무기력, 용기와 도전, 불안함과 두려움, 기쁨과 감사, 슬픔과 억울함, 배려와 예의, 욕심과 이기심, 수용과 인정, 분노와 폭력까지도 흡수한다는 놀라운 사실 들을 알게 된 것이다. 흡수된 모든 것은 무의식에 저장되고 인격의 뼈대를 구성한다. 세 살 버릇 여든까지 간다는 속담은 그냥 나온 것이 아니다. 옛날에 여든 살이라고 한다면 죽을 때까지라는 의미이다. 결국, 0~3세 흡수한 것은 그만큼 바꾸기가 힘들다는 것이다. 나는 우리 딸과 아들이 얼마나 큰 가능성을 가지고 있는지 모른다. 그러나 적어

도 내가 그 가능성을 활짝 열어주는 데 너무 부족한 환경을 제공했다는 것을 부인할 수가 없다. 지금까지도 일생에 있어 가장 후회스럽고 미안한 일이다.

그러나 이제 그러한 죄의식은 놓아버렸다. 아이들에게 사과하고 용서를 빌었다. 그리고 내가 지금 여기서 아이들을 위해 할 수 있는 일을 찾아서 하려고 한다. 부모로서 무지함 때문에 저질렀던 실수를 반복하지 않도록 아이의 정신과 위대한 힘을 알리는 일을 사명으로 선택한 것도 이러한 이유이다.

'한 아이를 키우려면 온 마을이 필요하다.'라는 말처럼 한 아이를 키우는 것이 온전히 부모만의 의무와 책임은 아니다. 사회와 국가도 공동체 의식을 가지고 의무와 책임을 다해야 한다. 책임이 없는 사람은 아무도 없다. 아이를 잘 키우는 것이 우리 가족뿐만 아니라 사회, 국가, 인류의 미래이기 때문이다. 그러나 아이의 정신과 내적 기제를 이해하지 않으면 아이에게 일어나는 혼란과 고통을 짐작조차 하지 못한다. 권력을 쥔 부모는 자신도 모르는 사이에 독재자가 되기 때문이다. 아이의 일탈된 행동은 이러한 고통의 흔적이다. 부모도 이런 아이를 키우기가 점점 더 힘들어진다. 힘든 부모와 일탈된 아이, 〈금쪽같은 내 새끼〉 프로그램이 국민프로그램이 된 이유이다.

100여 년 전 마리아 몬테소리가 살던 시대의 아이는 잊혀진 시민이었다. 아이를 위한 이해와 고려는 없었다. 사회는 물론이고 집에서도 아이의 공간, 아이의 시간은 없었다. 성인의 축소판이라 여겨졌던 아이는 미숙하고 어른이 가르쳐야 할 아무것도 모르는 빈 항아리라고 여겨졌다. 귀족일수록 심각했다. 어린아이는 태어나면서부터 유모에게 맡겨졌다. 우아하게 차려입은 부모는 잘 꾸며진 아이를 가끔 안아보며 아이가 잘 자라고 있는 것이라 기대하는 것이 고작이었다. 몬테소리는 모든 부모는 법정에 선 피고라고 했다. 그러나 고의로 그러한 것이 아니고 무지로 인한 것이기 때문에 아이에 관해 공부하고 잘못을 자각한다면 바로 피고에서 벗어난다고 하였다. 실제 부모교육 워크숍을 하다 보면 아이에 대한 미안함으로 눈물 흘리는 부모가 많다. 몰랐었다는 가슴 찢어지는 고백은 아이를 키우는 부모들에겐 동병상련의 아픔이다.

부모교육은 누구나 기본적으로 배워야 하는 필수과목이 되어야 한다. 부모 개인 차원만의 문제가 아니다. 사회와 국가 차원의 계몽이 절실하다. 자각하고 준비된 부모는 이 시대가 기대할 수 있는 유일한 희망이다. 이들에게 아이의 미래가 달려 있기 때문이다. 사회적, 국가적 차원에서 이루어져야 할 지원이 부족한 현실이지만 성숙한 부모로서 자신을 준비시키는 노력을 게을리할 수 없다. 준비된 부모만이 아이를 통해 인간존재의 존엄성을 느끼고, 자기실현의 과정에 온전히 참여하는 혜택을 누릴 수 있다.

준비된 부모

부모 역할은 배우고 준비해야 하는 과정이며, 성숙한 부모만이 아이를 올바르게 키울 수 있다.

부모 개인만이 아니라 사회와 국가차원의 제도적인 부모교육이 실시되어야 한다.

가족을 위한 최선의 환경

우리 주변에는 지혜로운 어른이 많다. 지혜로운 어른은 이 사회에 중요한 재원이다. 시간과 노력이라는 비싼 수업료를 치른 어른들의 지혜는 우리를 더 높은 차원으로 순간 이동시켜 주기 때문이다. 어른을 꼰대로 치부하고 '라떼는 말이야!'를 허풍으로 제쳐버리기에는 한 인간의 삶이 결코 가볍지 않다. 배우기를 게을리하지 않고 성심으로 삶을 살아낸 기성세대의 현명함은 그 가치가 높다. 돈으로도 살 수 없는 무형의 가치다.

어느 여름날 오후 동네 공원으로 산책을 하러 갔을 때이다. 더운 날인데도 한 가족이 놀러 나왔다. 할머니와 40대 정도의 여자, 그리고 여자아이 2명이다. 6세, 4세 정도 되어 보인다. 내가 앉은 벤치 근처에 자리 잡은 그들의 대화 소리가 간간이 들려왔다. "개미를 밟으면 안 된다."라는 할머니 말에 손녀로 보이는 아이는 "밟으면 아파, 엄마 아빠도 못 보게 된다. 병원에 입원해야 된다."라고 종알거린다. 한여름 뙤약볕이지만 큰아이는 나가서 운동기구에 매달린다. 그러자 작은 아이도 매달린다. 두 자매가 서로 같은 철봉에 매달리자 키 큰 언니는 높은 철봉으로 옮겨 낮은 철봉은 동생이 잡도록 한다. 양보하는 언니의 태도가 대견했다. 여자의 시원한 아이스크림 먹자는 소리에 아이들은 또르르 달려온다. 할머니는 여자의 친정엄마인 것 같다. 여자는 아이가 걸어오니 "모델 워킹인데." 하며 친정엄마랑 깔깔거리며 웃는다. 친정엄마는 여자가 남편과 있었던 이야기를 하자 그럴 땐 어떻게 하면 좋은지 알려준다. 손녀들에게는 "하지 마라!"라고 하기보다는 "천천히 해, 자기 몸만 지키면 돼. 하는 것은 좋은데 머리 조심은 해야 한다."라고 당부한다. 여자는 세일하는 행사 소식 같은 것을 친정엄마한테 카톡으로 공유해준다. 친정엄마는 아이들 이야기하며 "싸워도 붙어 다닌다, 애들끼리 어울려야 한다."라면서 육아 경험을 나눈다. 여자는 친정엄마에게 아이가 까칠한 것 같다고 한다. 이 말을 들은 친정엄마는 결이 다르게 받아들이는 아이가 있다고 답한다. 친정엄마와 함께 아이들을 바라보는 여자는 편안해 보였다.

우리 어머니도 나와 내 동생 아이들을 돌봐주셨다. 덕분에 우리는 일을 계속 이어 할 수 있었다. 그렇게 키운 조카들은 할머니한테 고마워한다. 아르바이트해서 탄 첫 월급을 들고 와 용돈 드리고 고기도 사준다. 몇 년 전부터 동생들은 하나하나 신도시로 모여들었다. 아버지 돌아가시고 어머니도 가깝게 이사했다. 동생들은 때때로 들려 어머니와 식사를 같이한다. 어머니도 열무김치 담근 것 나눠주시며 서로 도우며 산다. 그러나 과도하게 요구하거나 기대지는 않는다. 어머니는 며느리와 같이 살 생각도 안 하신다. 조카 돌봐주실 때도 한집에 기거하지 않고 본가와 왔다갔다 하셨다. 어머니는 남동생네가 아버지 기일에 맞춰 제사를 올려주는 것에 감사해하신다. 미리 가서 도울 일 없는지 물어보고 제사 비용을 보탠다. 아들이 주는 생활비와 연금을 모은 것이다. 며느리와 자주 통화하지 않으면서도 친척들에게 항상 며느리를 칭찬한다. 살림 잘하고 음식을 정성스럽게 한다고 하신다.

점점 핵가족되는 사회에서 우리는 아이를 키우는 환경조건에 대해 고민해봐야 한다. 예전과 달리 교육수준이 높아지고 사회가 발달하면서 의식 높은 어른다운 어른이 많아지고 있다. 우리 가족 안에서도 경험과 지혜를 나눠줄 수 있는 어른이 있다. 지혜로운 어른은 아름다운 문화전달자이다. 이들과 함께하면 우리의 삶이 정신적으로 풍요로워지고 정서적으로 평안해질 수 있다. 이런 면에서 다세대 가족이나 마을 안에 확대가족이 가깝게 사는 환경은 우리 아이에게 가장 최선의 환경이 될 수 있다.

할아버지, 할머니가 주신 무조건적인 사랑은 어른이 되어도 잊지 못한다. 나도 자신을 못 믿겠는데 나보다 더 나를 예뻐해 주는 사람이 있다면 세상은 살아갈 만하지 않겠는가. 할머니만 생각하면, 할아버지만 떠올리면 눈물이 나는 우리의 감성, 이것이 가족이다. 우리 아이에겐 할아버지, 할머니가 필요하다.

부모로서 성숙함과 지혜를 얻기까지는 경험과 시간을 필요로 한다. 다시 말해 많은 시행착오를 겪게 된다는 것을 의미한다. 그런데 문제는 성숙함과 지혜를 깨닫기 위한 시행착오의 과정에서 겪게 되는 부모 자신의 어려움만이 아니라는 것이다. 함께 사는 가족의 고통이다. 특히 무지하고 미성숙한 부모 때문에 자녀들이 받는 폐해는 치명적이라는 사실이다. 따라서 결혼 초보에게는 도움이 필요하다. 도로 운전 연수처럼 실질적인 경험과 지혜를 전수 받을 필요가 있다. 혼자 모두 짊어지고 좌충우돌하지 않아도 된다. 아이들에게 할머니 할아버지가 필요하듯 어른인 우리에게도 여전히 어머니, 아버지가 필요하다. 늙음의 지혜와 젊음의 생기가 함께 할 때 세상은 조화롭다.

우리는 혼자보다 함께 힘을 합치고 도울 때 더 많은 일을 할 수 있으며 만족감도 배가 된다는 것을 안다. 독립은 필수조건이지만 행복의 충분조건은 아니다. 독립된 개인이 함께할 때 삶은 생산적이고 역동적이 된다. 인류애가 생기고 사는 의미가 깊어진다.

각자 혼자서 살아남아야 한다는 '각자도생'이라는 현실 인식이 팽배해 있는 요즘, 진정한 가족의 의미와 가치를 다시 새겨보아야 한다.

지혜로운 어른

지혜로운 어른은 삶의 경험을 나누며 우리를 정신적으로 풍요롭고 정서적으로 평안하게 만든다.

확대가족의 필요성

다세대 가족이나 확대가족이 가까이 사는 환경은 아이에게 최선의 성장 조건이 된다.

늙음의 지혜와 젊음의 생기가 함께할 때 가족은 조화롭고 행복해진다.

아이가 사는 집은 신이 거하는 성소

결혼 30년 된 영화배우 최민수와 강주은의 가족 이야기는 결혼부터 지금까지 방송이나 유튜브를 통해 많이 알려져 있다. 강주은 최민수 부부에게는 아들이 둘 있다. 큰아들이 캐나다에서 유학할 당시 한 TV 리얼리티 프로그램에서 몰래카메라를 진행했었다. 이때의 두 형제의 모습이 매우 인상 깊었다. 그 당시 캐나다에서 유학 중인 큰아들이 방학을 맞아 귀국하게 되는데 이를 동생한테는 비밀로 한 것이다. 아무것도 모르는 동생은 자기 방에 숨어 있는 형을 발견하고는 "오~ 마이 갓!"을 연신 부르짖으며 형을 부둥켜안고 한동안 바닥을 뒹굴었다. 그 장면을 보는 사람들도 깊은 형제애에 가슴이 뭉클하다 할 정도였다. 이 가족의 사는 모습은 많은 사람의 부러움을 사기도 하고 응원도 받으며 가족에 대해 감동적인 메시지를 전하고 있다.

그러나 그들의 지난 결혼생활은 결코 녹록지 않았다. 당대 최고의 스타였던 최민수와 23세 캐나다 미스코리아 출신인 강주은의 결혼은 매스컴을

화려하게 장식했지만, 최민수의 수십억대의 빚과 돌발행동, 갑작스러운 은 둔생활 등으로 인해 많은 이슈를 뿌렸다. 부인 강주은 또한 23세에 혼자 캐나다를 떠나 한국에서 적응하느라 많은 마음고생을 했다.

리얼리티 프로그램에서 큰아들 유성이는 캐나다로 돌아가기 전 엄마 강주은과 이야기를 나누다가 엄마 아빠가 이제 결혼한 지 21년이 되었다는 말을 듣고는 갑자기 눈물을 흘렸다. 왜 울었냐는 제작진의 질문에 그는 23세에 캐나다에서 혼자 시집왔던 엄마에게 여덟 살이었던 자기가 엄마의 유일한 친구였다고 하였다. 그런데 엄마한테 이제 결혼한 지 21년이 되었다고 들으니 어렸을 적 여덟 살 자신한테 이렇게 얘기해주고 싶다고 했다. "이제 괜찮다고…." 그리고는 우리 가족이 이제 좋은 가족이 되어서 너무 고맙다고 했다. 이제 행복하다고 했다. 우리 가족이 평화로운 가족이 된 것 같아 마음이 놓인다는 그의 촉촉해진 눈을 통해 8세 아이였던 그때가 보였다. 얼마나 행복한 가족을 바라고 원했을지 그 간절함이 그대로 전해졌다. 그 8세 아이가 바로 이 가족을 지키기 위해 보내진 신의 선물이었다.

인간은 영성적 존재이다. 아이를 보면 알 수 있다. 갓 태어난 아기일수록 근원과 강하게 연결되어 있다. 따라서 아이가 사는 집은 신이 함께 기거하는 성소이다. 영성이란 진정한 자신, 신성한 근원의 사랑이다. 우주적 의식의 지혜로움과 연결된 초월적인 힘이다. 여기서 '초월적인 힘이다.'라고 하는 것은 모든 걸 초월해서 연결시켜주는 그런 우주적인 힘을 말한다. 그야말로 어마어마한 힘이다. 영성이라는 것은 인간이 가지고 태어나는 유일무이한 능력이다. 영적 능력을 높이 꽃피울 수 있고 자기들의 능력을 전 관계로 연결시켜서 어떤 장애든지 다 초월하는 관계를 형성할 수 있다. 우리는 자기들의 직관적인 힘과 서로 연결된 우주적 유산과 닿을 수 있는 힘을 가지고 있다. '영성이 통한다.'라고 하는 말은 현실적인 한계를 초월하여 서로 연결된다는 의미이다. 발은 땅을 딛고 서 있지만, 영성은 공간적인, 시간적인 한계를 초월해 서로 연결 지을 수 있는 힘을 갖고 있다. 이러한 영성적인 사람은 마치 우주와 연결된 온라인 상태에 있다고 이해하면 된다. 뇌에서 나오는 감마파인 30~100Hz로 영감이 열린 상태이다. 이러한 영성적 상태는 높은 에너지 진동수를 가지고 있으며 공감, 용서, 정직, 선행, 존경, 포용, 자발성, 기쁨, 보살핌, 배려, 사랑의 에너지이다.

아빠 최민수는 큰아들 방에서 같이 놀다가 운 적이 있다고 한다.

"나는 태어나서 한 번도 아빠로 산 적이 없어서 아빠로서 유성이한테 아무것도 한 것이 없구나. 정말 미안하다. 아빠라는 것을 나도 처음으로 해나가는 거니까 조금 부족하더라도 이해해 줘라."라고 했다. 부모는 자식을 낳아 기르면서 진정한 어른이 된다. 누군가를 돌봐주기 시작했을 때 비로소 어른이 되는 것이다. 그는 이렇게 덧붙였다. "유성이는 나에게 아빠 같은 의미예요. 나는 유성이를 통해 아빠를 봐요."

가족에게 아이는 생명이다. 우주의 영성적 에너지와 연결된 존재이다. 아이가 태어나면 아이를 중심으로 높은 차원의 주파수가 작용한다. 아이와 눈을 맞추고 아이의 웃음소리가 울려 퍼지는 가정은 우주의 사랑, 행복, 평화, 안정의 에너지와 연결되고 있는 것이다. 영성적 아이는 심미감을 타고났다. 아이는 아름다운 것, 조화로운 것을 사랑한다. 그래서 아이들은 누구나 무지개를 좋아한다. 아름답고 조화로움 자체를 좋아하는 아이는 인간에 대한 존엄성을 온몸으로 보여주는 존재이다. 아이의 영성을 추구하려는 성향은 함께 진보하고 변화하고 싶어 한다. 어른이 아이를 사랑하는 것보다 아이는 더 많이 어른을 사랑한다. 아이를 통해 어른의 정신이 정화되고 부모는 진정한 어른으로 성장할 수 있는 기회를 얻는다.

아기를 출산한 엄마는 아기 옆에서 가장 평화롭고 안정된 에너지를 느낀다. 이는 아이를 낳아본 여성만이 느낄 수 있는 특권이다. 아이를 잘 돌보고 아이와 소통을 잘하는 부모는 성숙한 어른으로서 보호와 책임감을 가지고 생명과 삶에 대한 긍정적인 태도를 갖게 된다.

결혼생활이 너무 힘들었다고 했던 부인 강주은은 이제 30년이 되었다고 하면서 남편에 대해 이렇게 말했다. "사랑이 너무도 많은 유성이 아빠에게 감사해요. 이 세상을 떠날 때도 같이 갔으면 좋겠어요." 이제 서로에게 가족은 이 세상 어느 것보다 소중한 보물섬이 된다. 가장 소중한 영성과 사랑의 보고가 가족이다.

> 그대의 아이는 그대의 아이가 아니다.
> 아이들이란 스스로를 그리워하는 큰 생명의 아들딸이니
> 그들은 그대를 거쳐서 왔을 뿐, 그대로부터 온 것이 아니다.
> 또 그들이 그대와 함께 있을지라도
> 그대의 소유가 아닌 것을.

(중략)

그대는 아이들에게 육신의 집은 줄 수 있으나

영혼의 집까지 주려고 하지 말라.

아이들의 영혼은 내일의 집에 살고 있으므로.

그대는 결코 찾아갈 수 없는, 꿈속에서조차 갈 수 없는 내일의 집에.

그대가 아이들과 같이 되려고 애쓰는 것은 좋으나

아이들을 그대와 같이 만들려고 애쓰지는 말라.

「아이들에 대하여」 일부 발췌 / 칼릴 지브란의 『예언자』 중에서

칼릴 지브란은 「아이들에 대하여」라는 시를 통해 우리 아이들이 어떤 존재인지 말해준다. 부모와 아이들은 어떤 관계여야 하는지에 대해서 생각해보게 된다. 아이를 존재가 아닌 소유물로 여기는 순간 아이의 영혼은 갇혀버린다는 경고를 잊지 말아야 한다. 영성은 더 이상 신비로운 무엇이 아니다. 그렇다고 노력해 배우는 것도 아니다. 영성은 연마해야 하는 기술이 아니다. 그저 아이처럼, 자기 생각의 탑과 부정적인 감정에서 벗어나면 바로 영성과 만날 수 있다. 누구나 타고난 놀라운 힘이다.

아이가 사는 가족은 당신을 영성으로 이끄는 위대한 선생이다.

아이의 영성

아이가 사는 집은 우주의 사랑과 평화의 에너지와 연결된다.

존재의 의미

아이를 존재가 아닌 소유물로 여기는 순간 아이의 영혼은 갇혀버린다.

부모의 성장

부모는 아이를 통해 진정한 어른이 되며, 아이와의 관계 속에서 정신이 정화되고 성장의 기회를 얻는다.

가족나무에 걸리는 고치들

"날기를 간절히 원해야 돼.
하나의 애벌레로 사는 것을
기꺼이 포기할 만큼 간절하게."

"죽어야 한다는 뜻인가요?"

"그렇기도 하고, 아니기도 하지.
'겉모습'은 죽은 듯이 보여도,
'참모습'은 여전히 살아 있단다.
삶의 모습은 바뀌지만,
목숨이 없어지는 것은 아니야.
나비가 되어보지도 못하고 죽은
애벌레들과는 다르단다."

"어떻게 하면 나비가 되죠?"라고 묻는 노랑 애벌레의 질문에 거꾸로 매달려 고치를 짓는 늙은 애벌레가 들려주는 답이다. 나는 어른을 위한 동화 트리나 플러스의 『꽃들에게 희망을』 책을 아이들에게 자주 들려준다. 아이들한테 읽어주면 아주 몰입해서 듣는다. 아이도 자신의 삶이 이와 같다는 것을 영성으로 느끼기 때문이리라.

우리는 모두 나비로 살기를 원한다. 그러나 날아오르고 싶은 사람은 생각의 독립, 의지의 독립이 필요하다. 독립된 존재가 아니면 새로운 기회나 제안이 오더라도 실행해 낼 수 있는 에너지가 없기 때문이다. 독립은 영유기의 아이에게만 과제가 아니다. 성인으로 성장한 지금도 나다운 삶을 살기 위한 기본조건이 된다.

내가 바라는 나의 모습은 내 안에 있다. 상상력이 부족하다면 이 말이 다가오지 않을 수도 있다. 그렇다면 나비의 변태 과정을 보면서 나비의 꿈에 대해 생각해 보자. 나비는 알에서 출발한다. 알에서 깨어서 껍질을 먹고 난 뒤 스스로 기어서 햇빛을 따라 나뭇가지 끝까지 기어간다. 연한 새순을 먹을 수가 있기 때문이다. 연한 새순을 먹은 애벌레는 점점 튼튼한 이빨을 갖게 되고 나뭇가지 어디서든 자유롭게 잎을 먹을 수 있게 된다. 살이 통통하게 오르며 쑥쑥 자란다. 그러나 '이제 나비가 되겠군!' 하고 생각하면 너무 섣부르다. 스스로 고치를 지어야 한다. 자신의 몸에 있는 재료를 사용해 실을 뽑아내어 자신을 나뭇가지에 고정하고 몸을 꺾고 번데기 형태로 매달려야 한다. 그렇게 나뭇가지에 매달린 고치는 죽은 것처럼 보인다. 그러나 겉으로 보기엔 아무 일도 일어나지 않는 것 같지만, 고치 내부에서는 모든 것이 녹아버린다. 놀라운 것은 유충 세포가 녹아 액체가 되지만 애벌레의 기억과 성충 세포는 남아 분화, 증식되어 성체의 신체가 재구성된다는 것이다. 나비는 이미 고치 안에서 만들어지고 있다. 모든 에너지를 성충이 되는 데에 쏟아붓는다.

마침내 변신한 나비의 삶은 애벌레의 삶과는 완전히 다른 차원의 삶이 된다. 기어 다니며 잎들을 갉아 먹던 해충은 하늘을 날아다닌다. 꿀과 사랑을 매개하며 아름다운 꽃이 피도록 돕는 익충이 된다. 꿈꾸던 진정한 자유와 행복의 삶이다. 나비의 삶은 우리에게 깊은 깨달음을 준다. 우리의 삶도 이와 같기 때문이다.

그런데 나비의 변태 과정은 자연의 에너지가 이끌었다면 성인의 변태 과정은 우리의 의지 에너지로 이끌어야 한다. 어린 시절 아이의 독립은 자연의 에너지가 이끌었지만, 어른의 독립은 자신의 의지로 이끌어야 한다는 것이다. 자기 혼자 힘으로 행동하고 스스로 결정하고 홀로 생각할 수 있어야 한다. 이 힘은 하루아침에 생기지 않는다. 나비가 죽음과 같은 고치의 시간을 보내야 하는 것처럼 말이다. 우리는 인생을 살면서 알에서 애벌레로, 그리고 번데기에서 나비로의 변태 과정을 스스로 선택하고 극복해야 한다. 스스로의 의지로 행동해야 한다. 따라서 고치의 기간은 성장기 어린이에게만 해당하는 것은 아니다. 가족 저마다의 성장기에 다 배치되어 있다.

요즘 많은 사람이 부러워하는 가족 중 하나가 최민수 · 강주은 부부이다. 좋은 결혼은 사랑과 우정의 완성이라고 했던 니체의 말처럼 지금 그들은 사랑하는 친구가 되어 가족을 함께 꾸려나간다. 그런데 많은 사람이 이러한 가족을 만들 수 있었던 혁혁한 공은 부인인 강주은에게 있다고 생각한다. 정말 그럴까? 아내 강주은은 이렇게 이야기했다.

"저는 결혼하고 나서 너무 힘들어 2년간 반항기를 가졌어요. 저녁이 되어도 밥도 안 하고 늦게 들어가고 아무것도 안 챙겼어요. 아이들 엄마로서의 역할도 안 했어요."

그러면 그때 남편 최민수는 어떻게 했을까? 남편은 하고 싶은 것 다 하라고, 기다려주겠다고 했다고 한다. 아이들을 챙기고 집안일을 챙겼다. 아내가 돌아올 때까지 기다려준다는 그는 흔들리지 않았다. 그렇게 반항기를 보내던 아내 강주은은 어느 날 '이것은 아니다.'라는 생각이 들었고, 그렇게 다시 자리로 돌아왔다고 한다.

그녀의 2년간의 기간은 번데기에서 나비로의 변태를 위한 시간이었다. 캐나다에서 외동딸로 태어나 온 사랑을 받고 살았던 그녀. 낯선 한국에서 당시 최고의 인기배우 최민수와 파란만장한 결혼생활을 시작하게 된 그녀는 아무도 없는 이곳에서 외국인으로 살아야 했다. 할 수 있는 것이 없었다. 그렇게 자존감이 무너져 내리면서 과연 나를 찾을 수가 있을까? 고민했던 것이다. 그녀에게 2년이라는 기간은 자신이 과거의 경험을 통해 가지고 있던 기존의 성격과 새로운 결혼생활을 통해 겪게 되는 경험들이 완전히 녹아내리고 다시 분열되고 증식되는 시간이었다. 아름다운 성품을 가진 나비, 즉 인간 김주은으로 다시 태어나기 위한 시간이었다. 그 시간을 겪고 나서 그녀는 펑펑 울면서 남편 최민수에게 고맙다고 고백했다고 한다. 남편은 그렇게 그녀가 고치로 매달려 있는 시간을 믿고 기다려주었다.

고치 시절을 봐주고 기다려 줄 수 있는 것이 가족이다. 사회는 절대 용납하지 않는다. 비효율적이기 때문에 바로 퇴출시킨다. 남편이든, 아내이든, 아이들이든 누구에게나 고치 시절이 있다. 때로는 사춘기라고 부르고, 과도기, 오춘기, 권태기, 정체기, 번아웃 등의 다양한 이름으로 불릴 뿐이다. 나의 모든 것이 형체도 없이 녹아내리고 성숙하고 아름다운 나로 다시 태어나는 그 시간을 가족은 기다려주는 것이다. 기질이 성격이 되고 다시 성품으로 성숙해지는 과정을 온 마음으로 지지하고 응원하며 기다려주는 가족, 그것이 우리가 원하는 아름다운 가족이다.

오늘은 나비를 떠올려 보는 상상의 시간을 가져보자. 나는 어느 단계에 있는가? 그리고 멋진 날개를 펼쳐 자유롭게 날 수 있는 꿈을 꾸어보자. 나비가 없다면 꽃들은 이 세상에서 사라지게 된다는 것을 기억하자. 가족나무에 누군가의 고치가 맺히면 그저 믿고 기다려주자. 그리고 아름다운 나비가 되어 날아오르는 날, "애썼다"고 하며 함께 축하해주자. 그게 가족이다.

가족은 내 안의 성숙한 나비를 믿고 기다려주는 인내심 많은 선생이다.

성숙의 시간

가족은 각자의 고치 시절을 기다려주며 성숙한 나비로 다시 태어나는 것을 지지한다.

가족은 나의 모든 것을 믿고 기다려주는 인내심 많은 선생이다.

서로의 성장을 격려하며 함께 축하할 때 진정한 가족이 된다.

가족문화가 진정한 유산이다

누구에게나 가족과 이렇게 살고 싶다는 그림 하나는 마음에 간직하고 있을 것이다. 바닷가가 보이고 산을 등진 곳에 자그마한 전원주택을 짓고 강아지를 키우며 작은 텃밭을 가꾸는 모습인가? 아니면 고층아파트 펜트하우스에서 럭셔리한 식사와 명품들을 걸치고 풍광 좋은 경치를 마음껏 즐기는 모습인가?

나에게는 닮고 싶은 가족의 로망이 있다. 오래전 일이다. 내가 다니던 다국적회사 이사님의 가족이다. 그 당시 해외에서 박사과정 중이셨던 이사님은 부인과 외동딸과 함께 미국에 거주하고 계셨다. 어학연수를 위해 미국에 도착한 나를 픽업해 주시고, 대학교 기숙사가 배정될 때까지 이사님 댁에서 머물게 해 주셨다. 이사님은 공부하시느라 주중에는 거의 뵐 수가 없었다. 사모님 역시 딸의 등교와 레슨을 위해 차로 픽업을 해가며 케어하시느라 바쁘셨다. 물론 나도 함께 간 동생과 입학 수속을 하고 어학연수를 받느라 바빠 일정을 보냈다. 그렇게 첫 주 금요일 저녁이 되었다. 이사님 가족은 금요일 저녁이 되면 묘한 분위기가 흐른다. 뭔가 약간 들뜬 분위기가 흐른다. 이사님이 보고 싶은 영화가 있는지 추천해보라고 한다. 그리고 선택한 비디오테이프를 빌리러 타운으로 나가자고 한다. 타운에 도착한 우리는 열심히 비디오테이프를 찾아보며 함께 볼 생각에 설렜다. 집에 돌아와 보니 거실 큰 TV를 중심으로 맛있는 간식거리와 맥주와 음료 그리고 소파들이 빙 둘러 놓여 있었다. 조명도 어둑하게 해놔 마치 미니상영관에 온 느낌이다. 이사님과 부인, 딸, 그리고 나와 동생 이렇게 모두 자리를 잡고 앉았다. 그리고 간식거리, 맥주나 음료를 마시며 빌려온 비디오테이프를 틀었다. 보고 싶던 영화가 스크린에 떠오르면 우린 스크린 속으로 순간이동했다.

한 주를 열심히 치열하게 살고 난 다음에 맞는 금요일 밤의 영화관람은 삶의 쉼이자 당시 유일한 문화 시간이었다. 넉넉지 못한 유학 생활이라는 사정도 있었겠지만, 가족이 모두 모여 영화를 보며 즐기는 그 시간은 그 어느 때보다도 안락하고 즐거운 시간이었다. 영화를 보며 같이 웃고 울기도 하고 감동에 취해 영화 이야기로 한참 수다 떨기도 했다. 타국에서의 삶에서 오는 긴장과 피로를 풀었다. 그런 시간은 매주 금요일마다 있었다. 그날이 기다려졌다. 함께 영화를 보는 날은 모두가 편안하게 일상에 관한 대화도 나누며 정보도 공유하고 감사함도 드리는 시간이 되었다. 이사님 가족과 함께했던 몇 주 동안 나도 꼭 가족들과 이러한 시간을 가지리라 마음먹었다.

내가 만난 또 한 가족도 가족문화가 비슷했다. 금요일 저녁 수업시간이 끝나기 전부터 아이는 들뜨기 시작했다. 끝날 시간이 아직 안되었는데도 마음은 벌써 안방에 가 있다. 건너편 주방 쪽에서 어머니 아버님이 소리 안 나게 분주히 움직이시는 것이 보인다. 치킨인지 피자인지 맛있는 먹을거리들이 안방으로 옮겨진다. 미리 수업이 끝난 동생이 형은 언제 끝나는지 빼꼼 내다본다. 드디어 수업이 끝나자 아이는 서둘러 인사하고 마중 나온 동생 손을 잡고 안방으로 뛰어 들어간다. 함께 사업을 하고 계시는 어머님, 아버님이라 평소에는 늦게 오시는 데 금요일엔 이 시간에 맞추기 위해 서둘러 퇴근하신다. 나는 이 가족의 금요일 저녁 모습이 너무 보기 좋았다. 미국에서 경험했던 이사님 가족과의 주말 시간을 연상시켰다.

　아이에게 주말에 무엇을 하는지 물어본 적이 있었다. 가족들과 금요일 저녁이 되면 좋아하는 축구를 같이 볼 수 있다고 한다. 좋아하는 축구팀 유니폼을 입고서 말이다. 때로는 아이들과 함께 볼 수 있는 영화도 본다. 주중에는 허용되지 않았던 만화영화도 볼 수 있다. 아빠와 엄마가 정성껏 마련한 음식을 먹으며 주말의 문화 시간을 보내는 것이다. 아이들이 얼마나 그 시간을 기다리는지 그리고 얼마나 아빠와 엄마와의 시간을 좋아하는지 절절히 느껴졌다.

　가족문화는 부모와 맺는 관계를 통해 형성된다. 우리는 부모라는 존재를 떠올리면서 많은 생각을 하게 된다. 어린 시절에도 많은 영향을 받았고 성인이 된 지금도 또는 부모님이 돌아가셨어도 여전히 영향을 받고 있다. 자전적인 저서 『싱크로니시티』의 저자 조셉 자보르스키의 이야기는 부모와의 관계방식에 대한 새로운 가족문화를 보여준다. 그는 어렸을 때부터 화려한 명성을 자랑하는 최고의 변호사이자 대령 출신의 아버지에게 인정받기 위해 부단히 노력했다. 그러나 과묵한 성격의 아버지께 인정받기란 쉽지 않았다. 성인이 된 그는 성찰적인 일기 쓰기를 통해 자신이 아버지에게 화가 나 있다는 사실을 깨닫는다. 어느 날 그는 아버지에게 말하기로 결심한다.

"아버지가 저에게 사랑한다는 말을 해준 적이 없는 것 같아요. 물론 저를 사랑한다고 믿어요. 하지만 왜 지금까지 말을 안 해주시는 거예요?"

이 말을 듣고 그의 아버지는 한참을 머뭇거리시다가 "음, 알잖니, 내가 너를 사랑하는 거."라고 말했다. "그런데 왜 직접 말을 못 하세요?"라고 묻자 아버지는 "항상 너를 사랑했다. 너도 그걸 알잖니. 내가 너를 사랑하는 걸."이라고 대답했다.

"모르겠어요. 아버지가 저한테 한 번도 그렇게 말해주지 않았다는 사실이 속상해요."

그렇게 말하고 조셉은 아버지를 꼭 안아드렸다. 나뭇조각처럼 뻣뻣했던 아버지를 보면서 그도 할아버지가 그에게 사랑한다는 말을 안 해서일 것으로 생각했다. 남자가 남자에게 '사랑한다'고 말하는 것은 없는 일이었다. 남자는 항상 자신을 억누르고 통제해야 했다. 남자는 눈물을 흘리거나 소리내어 울지 않아야 했다.

조셉은 그 이후에도 아버지를 만날 때마다 안아드렸다. 그러자 아버지도 서서히 변했다. 이제 아버지도 작별인사를 할 때나마 조셉을 안아주셨다. 그러면서 조셉은 아버지와 매주 금요일 근사한 식당에서 함께 점심을 먹는 전통을 만들었고 자기 아들과도 그 문화를 이어가고 있다. 이렇게 오랜 시간에 걸친 노력을 통해 애정이 넘치고 건강한 부자 관계 만드는 법을 배웠다. 그는 이러한 부자 관계를 가장 소중한 보물로 여겼다. 어느 날 아버지가 조셉을 보고 이렇게 이야기했다.

"나는 부츠를 신은 채로 죽고 싶단다. 목장에서 삼나무를 베다가 죽으면 여한이 없겠다."

그날 헤어지면서 부자는 한 번 더 이별의 포옹을 한다. 그리고 이틀 뒤 그의 아버지는 소원대로 목장에서 심장마비로 돌아가셨다. 그는 늘 생각한다고 한다. 만약 우리가 그런 전통도 만들지 않고 서로에게 사랑을 표현하는 법도 제대로 익히지 못했더라면 아버지의 죽음이 어떻게 다가왔을까 하고 말이다.

조셉 자보르스키의 이야기는 우리에게 용기를 주고 위로를 준다. 윤회를 끊어낼 수 있는 해법을 제공해 준다. 특히 사랑하는 사람과 음식을 먹는 것은 인간에게 큰 만족과 행복을 주는 순간이다. 풀어야 할 관계가 있다면 이러한 시간을 만들어 보는 것이다. 누구나 의지를 가지고 윤회의 고리를 끊겠다고 하면 관계는 새로워질 수 있다. 그의 사례는 가슴에 걸린 가시를 꺼내버리면 새살이 돋아 치유된다는 사실을 보여주었다. 그는 적극적으로 행동했다. 그리고 새로운 관계를 선택했다. 나아가 자신의 자식과도 그 전통을 이어 가족문화를 만들었다. 그가 소중한 보물이라고 한 것은 부귀영화가 아니었다. 진정한 보물은 바로 가족문화였다.

우리 아이들이 살아가야 할 때는 수명이 130세가 넘을 것이다. 오래 살아야 한다. 오래 사는 만큼 많은 도전과 고비도 겪으며 살게 될 것이다. 피할 수 있으면 좋겠지만 삶의 고통은 누구에게나 찾아온다. 그때마다 삶을 지혜롭게 헤쳐나갈 힘을 어디에서 얻을 것인가? 인간은 살기 위해 행복해야 한다면 그 행복을 얻을 수 있는 최소한의 환경은 마련해 주어야 하지 않겠는가.

"행복은 목표가 아니라 도구이다."

『행복의 기원』의 저자 서은국 교수의 말이다. 인간은 행복하기 위해 사는 것이 아니라 살기 위해 행복해야 한다는 것이다. 행복을 경험한 개체는 생존성이 강해진다. 따라서 내가 온전하게 나의 행복 에너지를 써야 하는 일차적인 대상은 가족이다. 가장 행복해야 할 세계가 가족이다. 그 세계 안에서 자유롭게 자신을 드러내며 춤을 출 수 있어야 한다. 가족 개개인의 고귀함과 신비로움을 나타내고 자신의 힘을 믿으며 존엄한 존재로서 당당히 설 수 있는 세계여야 한다. 개인의 개성이 형성되는 과정에서 가족과 함께 하는 모든 것이 체화되고 후세대에게 전달되기 때문이다.

우리 가족의 문화는 무엇인가? 후세대에게 물려줄 수 있는 진정한 유산은 무엇인가? 가족의 행복이 1순위라면 지금 챙겨야 한다. 사랑하기를 미뤄둔 가족이 있다면 지금이다. 사과를 미뤄둔 가족이 있다면 지금이다. 고마움을 미뤄 둔 가족이 있다면 바로 지금 말해야 한다. 지금, 이 순간이 나와 세상을 챙길 때이다. 가족은 나 자신이고 행복해야 마땅할 제1순위의 세상이다. 가족이라서 감사하고 가족이라서 행복할 수 있는 가족문화를 만들기를 바란다.

가족문화는 나와 가족을 이어주고 행복을 가르쳐주는 보물 같은 선생이다.

가족의 문화

가족이 원하는 모습과 문화를 만들어 나가는 것이 가장 소중한 유산이다.

행복의 전수

가족문화는 나와 가족을 이어주고 행복을 가르쳐주는 보물 같은 선생이다.

지금이 변화의 시작

사랑과 고마움을 미루지 말고 바로 지금, 가족을 위한 변화를 시작하라.

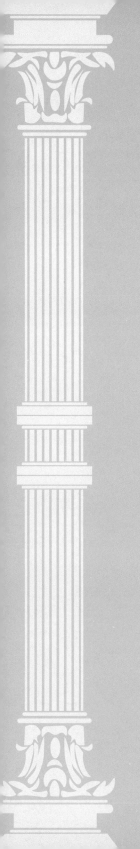

4

아이가
선생이다

아이를 보면 내가 보인다

옛말에 등잔 밑이 어둡다는 말이 있다. 살면서 가까운 곳에 있는 것을 못 보며 엉뚱한 곳에서 헤매는 경우가 얼마나 많은가! 우리가 우리 아이에게 그렇다. 가장 가까이 두고도 아이를 잘 모른다. 우리는 모두 아이였음을 생각하면 더욱 아이러니하다. 어른들은 아이와 나는 별개의 존재인 것처럼 군다. 내가 돌보아야 되고 내가 가르쳐 주어야 되는 존재, 귀엽긴 하지만 유치하고 종종 나를 귀찮게 하거나 힘들게 하는 존재라고만 생각한다. 결코 '아이를 보면 내가 보인다.'라고 생각하지 않는다. 우리 모두는 아이로부터 왔는데도 말이다.

본래 인간은 호모 사피엔스 사피엔스이다. 생각을 생각할 수 있는 정신적인 힘을 가지고 있다. 이를테면 인간의 창조적 상상력이다. 이 힘으로 자신이 처한 현실 위에 문명을 발전시키고 문화를 만들었다. 인간은 스스로 창조적인 에너지를 통해 자신의 환경을 개선하여 살기 편리하게 바꿀 줄 아는 유일한 존재이다. 혼자서 할 수 없는 일은 언어를 창조해 서로 생각을 교류하고 합의한 후 힘을 모아 큰일을 도모했다. 기호를 사용해 기록으로 남김으로써 하루가 안 되면 이틀, 이틀이 안 되면 한 달, 1년, 100년이 넘도록 대를 이어가며 하나의 건축물을 완성하기도 한다. 로마 같은 고대도시를 보면 인간의 위대한 역사를 눈으로 확인할 수 있다. 인간은 자기 삶의 주기를 뛰어넘어 일을 도모하고 이를 이루어내는 존재이다.

이렇게 현실과 이상을 넘나드는 존재가 인간이다. 동물적인 본성과 동시에 영적인 신성을 가지고 있는 불가사의한 존재이다. 우주만큼이나 끝을 알 수 없는 존재가 인간이다.

날 수 있는 동물은 새뿐이다. 그러나 날개가 없는 인간은 날개를 달고 하늘을 나는 상상을 했고 마침내 중력을 거스르는 비행기를 발명했다. 동물로서의 한계를 스스로 뛰어넘었다. 밤마다 하늘을 올려다보며 치성을 드리던 달님은 동경의 대상에서 탐험의 대상으로 바뀌었다. 마침내 인간은 지구의 중력의 6분의 1밖에 안 되는 달에 깃발을 꽂고 기지를 만들었다. 단순한 일이 아니다. 달은 중력이 낮기 때문에 물로 이루어진 인간이 한순간이라도 맨몸으로 노출되면 체내 수분이 다 기화되어 터져버릴 수도 있었다. 이러한 위험을 무릅쓰고 간 것이다. 이 모든 위험을 대비해 작은 우주선이라 불리는 우주복을 지어 입고 말이다. 지금은 지구가 아닌 다른 행성에 이주할 프로젝트를 진행 중이다. 그뿐이랴. 인간의 두뇌를 모방해 인공지능을 만들고 이제 이것과 대화한다. 지난한 노력을 통해 마침내 인간지성이 우주지성을 대신하는 시대가 되었다.

그런데 나는 어떠한가? 나는 나의 잠재된 가능성을 믿고 있는가? 사실 우리는 자신의 잠재력의 5%도 못 쓰고 있다. 상상하고 문명과 문화를 창조하는 사람들은 극히 일부분의 사람이었다. 대부분 사람은 그들이 이룩한 문명과 문화의 혜택을 입고 있다. 그렇다면 그들과 나의 차이는 무엇인가? 그들은 어떻게 자신을 리드하는가? 그들은 한계를 생각하지 않았다. 생각할 필요가 없다는 것을 알았다고 하는 것이 맞을 것이다. 인간이 타고난 무한한 가능성을 스스로 믿고 모험을 서슴지 않았다. 환경에 안주하지도 않았다. 오히려 환경을 지배하고 새롭게 변화시키려고 고민하고 도전하고 마침내 바꾸었다. 그들은 자신에 대한 근본신뢰가 있었다.

　내가 어떤 능력을 가지고 있는지 모르고 있다면 자신을 사랑하지 않는 것이다. 어제 한 선택에 불안하고 오늘 또다시 어제 한 생각을 하고 있다면 공부를 게을리하고 있는 것이다. 남들이 좋다고 하는 것을 쫓아가기 바쁘다면 자신을 잃어버린 것이다. 안정적인 삶만 추구하고 있다면 스스로 자기한계를 긋고 있는 것이다. 오십을 바라보는데 여전히 자신을 믿지 못하고 있다면 인간을 모르는 것이다.

　우리는 정작 자신을 모른다. 자신이 인간이면서 인간을 믿지 않는다. 삶에 대한 진지한 고민의 시간도 부족하다. 자신을 들여다보는 시간이 절실하다. 인간은 스스로 답을 찾을 수 있는 존재이다. '나'를 관찰하는 것. '나'를 생각하고 '나'를 정하는 것. '나'를 성장시키고 사회에 기여하는 것. '나'를 존재하게 하는 일이 행복한 삶이다. 나를 잘 알아야 나의 세상을 만날 수 있다. '나'를 찾는 일이 가장 우선이다.

　'나는 누구인가?'라는 물음에 대한 답을 구하기 위해 형이상학적인 존재

근거를 찾겠다고 나서지 않아도 된다. 우리는 쉽고 단순하게 출발할 수 있다. 바로 어머니의 뱃속에서 생명으로 창조된 아이로부터 말이다.

아이는 수정되는 순간 엄마의 자궁에 자리 잡는다. 영양과 호르몬들을 탯줄로 공급받으며 엄마에게 의지한 채 육체적 태아기를 보낸다. 그러다 출생하는 그 순간부터 아기는 탯줄을 끊고 홀로서기를 위해 끊임없이 노력한다. 세상을 알기 위한 본능적인 지성의 작용이 시작되는 것이다. 세계적인 교육자이자 정신과 의사 마리아 몬테소리는 이 시기를 '정신적 태아기'라고 불렀다. 이때 아기는 세상의 질서를 발견하고 이에 적응하기 위해 세상을 탐구하기 시작한다. 신체적으로 기능을 연마하고 분화시키면서 세상의 모든 것을 흡수하기 시작한다. 특히 많은 소리 중에 인간의 말, 양육자인 엄마가, 아빠가 하는 모든 말의 억양과 뉘앙스, 의미, 규칙들을 흡수하여 자신의 언어로 재창조한다. 그리고 자기 생각을 주장하기 시작한다. 이때 아이가 하는 말을 잘 들어보면 어느 인종, 어느 지역의 아이이건 한결같이 하는 말이 있다. 바로 "내가~ 내가~"이다.

이렇게 인간, 즉 아이의 모든 행동과 말은 독립을 향하고 있다. 독립의 여정 안에서 아이는 기뻐하고 슬퍼하고 감동하고 분노하고 만족하고 실망한다. 엄마의 손을 잡지 않고 홀로 걷기까지, 자기의 생각을 옹알이에서 '엄마', '맘마'라는 단어로, 구로, 문장으로 표현하기까지, 하고 싶은 활동을 두 손을 사용해 스스로 선택하고 끝까지 반복해 마침내 만족감을 맛보기까지. 아이는 온 마음과 온몸으로 오로지 자기를 올곧게 세우기 위해 정진한다.

이렇게 정신의 허기가 다 차고 나면 아이는 독립된 존재로서 자신의 개성을 건설할 수가 있다. '사회적 태아기'를 맞이하는 것이다. 어린 나이의 아이들은 아무리 또래와 같이 있어도 혼자서 논다. 두 돌 반이나 세 돌 반경이 되어서야 같이 있는 친구들과 함께한다. 그러나 상호작용을 많이 하지는 않는다. 병행 놀이 수준이다. 만 3~4세가 되면 서로 대화도 하고 나누어 갖거나 빌려주기도 하면서 서로 도와가며 놀이를 할 수 있다. 만 4세 반경이 넘어야 친구와 한 가지 놀이를 같이하는 것이 가능해지기 시작한다. 그러나 이때까지도 아이는 자기의 일이 중심이다. 6~7살이 되어서야 아이는 또래, 형과 아우, 어른, 선생님과의 관계를 잘하기 위한 성격을 발달시키는 시기를 갖는다.

이러한 사회적 태아기를 거쳐 사회적 관계를 맺기 시작한다. 이때 자신의 개성을 잘 건설한 아이는 너와 나의 독립된 존재로서 상호관계를 맺을 수 있다. 우리는 아이가 친구와 함께 놀고 있으면 사회성이 좋다고 생각한다. 그러나 그 관계의 질을 들여다 볼 필요가 있다. 함께 활동하고 있지만 한 아이가 주도하고 한 아이는 종속된 관계인지, 함께 있지만, 따로 각자 활동하고 있는지, 서로 공감하고 교류하면서 확장된 활동을 하고 있는지를 눈여겨보아야 한다. 독립적이고 주체적인 아이는 자신이 좋아하는 것, 하고 싶은 것을 명확히 안다. 그리고 상대의 생각에 대해서도 고려하고 선택할 수 있다. 이렇게 성장하는 아이는 어디서나 사회생활을 주체적이고 서로 상생하는 형태로 풀어나갈 수 있다. 배려하지만 주장하고, 양보하지만 자신을 잃지는 않는다.

이렇게 사람이 건강하고 건설적인 방식으로 관계를 맺는 과정을 생생하게 경험한 우리가 있다. 바로 어릴 적 우리이다. 유년기는 인생의 축소판이다. 어릴 적 우리인 아이의 발달과정을 보면 필름을 되돌리듯 나의 개성 형성기를 되돌려 볼 수 있다. 아이는 가장 짧은 시기에 우리에게 인간이 어떻게 살아가야 하는지를 명확하게 제시해주는 존재다. 아이를 보면 내가 보인다.

'자기를 온전히 믿고 살아가라.'라고 설파한 19세기 위대한 미국 사상가이자 시인 에머슨이 관찰했듯이 아이는 타락한 인간을 하늘의 왕국으로 다시 데려가기 위해서 내려온 구세주와 같다.

아이를 통한 자기 발견

아이의 성장과정을 보면 나의 개성과 삶의 형성기를 되돌아볼 수 있다.

독립과 성장

아이의 모든 행동과 말은 독립을 향하고 있으며, 이를 통해 개성을 건설하고 사회적 관계를 맺는다.

잠재력과 믿음

아이를 통해 인간이 가진 잠재력과 가능성을 깨닫고, 자신을 믿는 힘을 배우게 된다.

내 안의 아이는 개발되기를 기다린다

국민학교 1학년 때 일이다. 지금의 초등학교이다. 칠흑같이 깜깜한 밤, 자고 있는데 누군가가 흔들어 깨웠다. 엄마였다. 엄마는 두꺼운 코트와 털모자를 씌워주면서 "빨리 가서 큰 엄마 좀 모시고 오너라!"라고 하셨다. 선잠이 깬 상태였지만 뭔가 심각한 상황이라는 것을 직감할 수 있었다. 큰아버지 댁은 꽤 멀었다. 우리 집에서 골목을 돌도 돌아 동산 하나를 넘어 중턱에 있었다. 차가운 밤공기와 인기척 하나 없는 깜깜한 길을 지나 동산을 넘어가면 긴 골목길 끝 집이 큰아버지 댁이었다. 긴 골목길은 유난히 생생하다. 마치 동굴 속으로 빨려 들어가는 것 같았다. 나는 끝에 있을 대문만 상상하며 잰걸음으로 달려가 힘껏 대문을 두드리며 큰엄마를 불렀다. 한참 만에 부엌에 불이 켜졌다. 놀라신 큰엄마가 옷을 주섬주섬 여미며 대문을 열어주셨다. "엄마가 큰 엄마 불러오래요." 큰 엄마는 눈치채셨는지 "알았다. 얼른 가자."라고 하셨다. 오시는 길에 닫혀 있는 동네 가게 문을 세게 두드려 미역을 사셨다.

집에 도착하자 큰 엄마는 안방에 들어오지 말라고 하셨다. 그리곤 안방과 부엌을 오가며 바삐 움직이셨다. 나는 건넛방에도 들어가지 못하고 엉거주춤 마루에 서 있는데 갑자기 "응애~ 응애~" 하는 소리가 났다. 바로 그때 아버지도 집으로 막 들어서셨다. 괘종시계는 자정을 가리키며 종을 치고 있었다. 5남매의 막냇동생이 태어난 것이다.

어머니는 그때 이야기를 가끔씩 들려주시곤 했다. 어린 게 무서웠을 텐데도 그 한밤중에 아무 소리 안 하고 벌떡 일어나서 큰엄마를 모셔왔다고 대견해 하셨다. 그렇다. 그때는 가로등도 제대로 없던 시절이었다. 지금 생각하면 무슨 정신으로 그 먼 길을 갔는지 신기하다. 이 이야기는 나의 마음에 두렵지만, 용기를 낸 평생 잊혀지지 않는 기억으로 남아 있다. 나 스스로 가족을 위해 그런 일을 해내었다는 것이 내내 뿌듯했다. 어린 시절 가족의 사랑과 신뢰 안에서 아이는 자신의 능력을 경험한다. 이러한 나의 용기에 대한 믿음은 새로운 도전을 할 때마다 든든하게 나를 받쳐주는 에너지원이 되었다.

아이는 영성이 뛰어나다. 엄마가 "지금 죽을 것같이 아프다. 큰일 났다!"라고 말하지 않아도 안다. 상황을 감지하고 그렇게 밤길을 나선 것이다. 엄마를 위해서, 가족을 위해서 내는 그런 힘이 아이에게 있다. 이것이 나의 원형이다. '나 이때 참 괜찮았어. 그래 이런 내가 있었지.' 이렇게 나의 원형과 마주하는 시간을 가져보는 것이다. '나 어릴 때 그림 그리기를 좋아했었지.'라며 75세부터 시작해 1,600여 점의 명화를 남긴 미국 국민화가 모지스 할머니처럼 말이다.

그런데 아련하게 기억도 나지 않는 그 시절을 떠올리는 것이 너무 막연하고 답답할 수 있다. 특히 영아는 기억이 없는 시기이므로 더 그렇다. 어린 시절 기억이 있더라도 왜곡되거나 또는 아픈 기억이 많아 떠올리고 싶지 않을 수도 있다. 괜찮다. 기억이 떠오르면 떠오르는 대로 회상해 본다. 떠오르지 않는다면, 또는 떠올리고 싶지 않다면, 나의 아이를 떠올려보면 된다. 자녀가 없다면 주변의 아이들을 보면 된다.

인간은 자연이 준 창조적 에너지를 가지고 태어났다. 이러한 힘으로 환경과 상호작용하면서 인간의 위대성이 현실창조로 드러난다. 유년기 동안 인간의 출생부터 의지의 독립, 생각의 독립을 이루기까지의 성장 과정을 이끈다. 인간이면 누구나 할 것 없이 어린 시절을 거쳤다. 그 어린 나는 나의 원형이다. 그 원형을 들여다보면 나를 만날 수 있다. 그 원형이 갖고 있는 힘을 되찾을 수 있다. 내 안의 어린 나를 만나보자. 아이들은 어떻게 사는지 그들의 힘을 관찰해 보라.

내 안의 아이는 개발되기를 기다리고 있는 창조적 에너지의 저장고이다.

우주가 보내준 가장 온전하고 사랑스러운 진짜 선생이다.

나의 원형

어린 시절의 나의 원형을 들여다보면, 두려움을 이겨낸 힘과 창조적 에너지를 되찾을 수 있다.

내 안의 아이는 개발되기를 기다리고 있는 창조적 에너지의 저장고이자 진짜 나를 만날 수 있는 원천이다.

우리는 천재로 태어난다

우리는 아이일 적에 "얘 천재 아니야?" 하는 소리를 한 번쯤은 다 듣고 자랐다. 부모가 그렇게 말하지 않았다고 해도 속으로 적어도 한 번 이상은 되뇌었을 것이다.

〈아빠를 칼퇴근하게 만드는 아기가 있다〉라는 유튜브 숏츠를 본 적이 있다. 2개월 된 남아인데 아기는 아빠와 눈을 맞추고 "아~ 어~ 어엉~" 하면서 옹알이가 한참이다. 아빠가 맞장구를 쳐 주며 반응해주면 아기의 옹알이가 한껏 더 고양된다. 더 신나는 것은 아이가 아빠의 억양까지 담아 옹알이를 하기 때문이다. 아이는 태내부터 들어왔던 엄마와 아빠의 억양까지 흡수한다. 태어날 때 아이가 낼 수 있는 소리는 우는 소리뿐이었다. 그러다가 모음 소리를 내기 시작하면서 옹알이가 시작된다. '음성에 의미가 있다.'라는 것을 알고 사회적 의미를 담는다. 엄마가 보고 싶을 때, 배가 고플 때 어떻게 소리를 내야 하는지를 알고 한다는 것이다. 심지어 아이는 주변의 많은 소리 중에서 엄마의 말, 아빠의 말 등 사람들의 말을 가려내어 배운다. 이를 언어의 선호성이라고 한다. 실제로 아이 주변에는 '빵빵' 하는 자동차 소리, 문을 닫을 때 나는 '쾅' 소리, 또 '멍멍' 짖는 개 소리도 있다. 그런데 그중에서 어떻게 인간의 말만 가려서 모방할 수 있단 말인가. 그러니 어찌 우리 아이가 언어의 천재가 아니겠는가!

걷기 시작하는 한 살쯤 되면 아이는 최초의 단어를 말하기 시작한다. '엄마, 맘마, 아빠' 같은 단어들을 내뱉으면서 아이는 내가 원하는 것을 말하면 상대가 반응 해준다는 사실을 알게 된다. 1살 반이 지나면 아이는 모든 물건에 이름이 있다는 것도 알게 된다. "이게 뭐야?"를 끊임없이 물어본다. 그리고 2살이 되면 아이는 마침내 문장을 사용하게 된다. "엄마 맘마 주세요.", "엄마 우유 주세요."라고 말이다. 너무 신비롭지 않은가! 그러나 사람들은 이를 대수롭게 생각하지 않는다. '때가 되면 다 말하는 거지. 오히려 좀 늦는 것 아니야?'라고 생각하기도 한다. 왜냐하면, 모든 아이가 때가 되면 모국어로 말하기 때문이다.

그런데 잘 생각해 보면 "엄마 맘마 주세요." 이 문장 속에 엄청난 비밀이 숨어 있다. 이 문장은 주어인 '엄마', 목적어 '맘마', 그리고 서술어 '주세요'로 구성되어 있다. 그렇다. '주어 + 목적어 + 서술어'인 문법에 맞추어 아이가 말을 하는 것이다. 문법은 말의 규칙, 즉 추상적인 개념이다. 이 추상적인 개념에 맞추어 2살짜리 아이가 문장을 사용하고 있는 것이다. 아이에게 말을 할 때는 "주어가 먼저 오고 목적어, 그리고 서술어가 온다."라고 가르쳐 준 적이 없다. 아무도 가르쳐 주지 않았다. 그런데도 아이는 "엄마 맘마 주세요.", "엄마 우유 주세요."라고 말한다. 내가 먹고 싶은 것, 즉 목적어만 바꾸어서 어순에 맞추어 말하는 것이다. "주세요. 엄마, 맘마."라고 하지 않는다. "아빠 모자"라고 하지 "모자 아빠"라고 하지 않는다. 아무도 단어의 순서를 알려주지 않았는데 아이는 상황에 따라 문법에 맞추어 말을 한다.

우는 것밖에 모르던 아기로 태어난 지 불과 2년 만의 일이다. 어휘력도 2년 만에 200단어 정도 말하고 5살 정도 되면 수천 단어로 확장이 된다. 6살경이 되면 1만 3천 개의 단어를 말한다. 그러면 아이에게 이 수천, 수만의 단어를 가르쳐 준 사람이 있을까? 아무도 나설 사람이 없을 것이다. 그렇다. 아이 스스로 흡수하여 창조한 것이다. 아이가 들었던 엄마 아빠, 주변 사람들의 말들은 아이의 무의식에 저장되어 있다가 모국어를 창조하는 재료로 쓰였을 뿐이다.

그렇다면 이러한 현상은 한글이라는 소리글자와 문법을 사용하는 우리 아이들에게만 해당하는 것일까? 그렇지 않다. 산스크리트어같이 어려운 언어를 쓰는 민족의 아이도, 아프리카의 불과 몇백 개의 단어만 쓰는 종족의 아이도 시기는 개별 차가 있을 수 있지만 다 똑같은 발달단계를 거친다. 다시 말해 모국어 발달은 보편적인 발달 현상이고 어느 민족이든, 어떤 인종이든, 어떤 문화에 속한 아이든 다 똑같은 과정을 거친다는 것이다. 정말 놀랍지 않은가? 마리아 몬테소리는 부모가 아이에게 하는 모든 말은 아이에게 흡수되고 분류되고 기억된다고 했다. 억양이나, 발음, 정서적 뉘앙스까지, 거기에다 버릇, 습관, 종교관 같은 것도 다 흡수한다. 이는 아이의 정신을 형성하고 마음을 형성한다. 생득주의 언어학자 촘스키는 이러한 현상을 가리켜 언어습득장치가 아이에게 내재되어 있다고 하였다.

이렇게 아이들은 모두 언어천재로 태어난다. 그 길고 어려운 육식공룡, 초식공룡의 이름들을 줄줄이 외우고, 포켓몬 시리즈의 밑도 끝도 없는 캐릭터 이름도 문제없다. 이시기의 아이들은 자신이 접하는 환경의 언어, 중국어, 영어, 베트남어, 일본어 등을 가리지 않고 흡수한다. 아이들은 모두 천재로 태어났다.

언어천재만 있는 것이 아니다. 바다생물을 너무 좋아하는 4세 남자아이는 범고래와 대왕고래 모형을 3미터 앞에서도 구별해 낸다. 어디가 어떻게 다르게 생겼는지 크기, 몸무게까지 줄줄줄 말해준다. 바다에 사는 동물, 강에 사는 동물들을 구별한다. 농장에 사는 동물, 초원에 사는 동물, 늪에 사는 동물까지도 구분한다. 제일 좋아하는 놀이는 동물 구조대이다. 매일 병원놀이 세트로 바다 동물들을 치료해주는 것이 가장 좋아하는 활동이다. 이때 보여주는 아이의 집중력은 놀랍다. 2시간 동안 끊임없이 활동한다.

7세 남자아이가 있는데 이 아이도 바다동물 천재다. 특히 상어, 고래를 너무 좋아해서 매번 형이나 선생님한테 그려달라고 조른다. 상어 그림만 그려주면 만사가 'OK'이다. 그 후 이사를 가는 바람에 4~5개월을 못 보다가 다시 만났는데 전혀 다른 아이가 되어 있었다. 고래 책을 읽고는 독후화를 그리는데 혼자서 쓱쓱쓱 너무도 잘 그리는 것이다. 유치원에서 친구들이 그려달라고 해서 그려주다 보니 이제는 바다동물 천재가 그림 천재가 되어 있었다. 유치원에서도 인기가 제일 많은 아이가 되었다. 바다동물 사랑이 아이의 잠재력을 깨워 나가는 것이다. 어느 날 꿈을 적어보자고 하니 주저 없이 친구와 여행 다니는 것과 해양경찰이라고 쓴다. 고래들을 포획하고 바다를 오염시키는 사람들을 붙잡고 싶다고 한다. 고래와 상어들을 잘 살게 해주기 위해서란다. 가슴이 찡하지 않은가! 천재는 자신이 선택한 환경을 온 마음으로 사랑한다. 그리고 그 사랑으로 세상을 배워나간다.

초등학교 입학을 앞둔 7살 남자아이는 종이비행기 천재다. 색종이, A4 용지, 팸플릿 등 종이 조각만 있으면 종이비행기를 접는다. 비행기가 멀리 날아가게 접을 수도 있고 비행기가 다시 되돌아오게도 접을 수 있다. 빠르게 날게 할 수도 있고 높이 날게 할 수도 있다. 아이는 선생님이 접은 종이비행기가 각을 맞추어 균형 있게 접혔는지 예리한 눈으로 살펴본다. 비행기를 보면 어디를 손봐야 하는지 안다. 못 날고 꼬꾸라지던 종이비행기도 이 아이 손이 닿기만 하면 쭉쭉 날아갔다. 이제 초등학생이 되면서 비행기 날리기 대회에도 나가게 되었다.

사랑 천재도 있다. 언어장애가 있는 이 아이는 사람을 너무 좋아한다. 백만불짜리 미소를 띤 채 눈을 맞추고 열심히 말을 건다. 열심히 귀 기울여 듣는다. 얼마 전 글로컬 리더 문화프로그램에서 만났을 때였다. 이 아이는 자신의 명찰 쓰는 데만도 많은 노력이 듦에도 불구하고 어린 동생 명찰까지 써서 챙긴다. 아무도 말하지 않아도 얼른 가서 늦게 온 사람이 앉을 방석을 챙겨온다. 포틀럭 파티 시간엔 냅킨을 가져다 슬며시 친구 옆에 놔 준다. 이 장면은 수업 후에 영상을 편집하다 발견했다. 친구나 부모가 이를 미처 알아 봐주지 못해도 삐지거나 실망하지 않는다. 그냥 그렇게 마음을 다한다. 말은 더듬거리고 쓰기도 늦지만 아이는 자신의 사랑으로 세상과 소통한다. 그래서 그 아이를 만나면 누구나 마음이 따뜻해진다. 그에게 감화된다.

아이들은 모두 천재로 태어났다.

그런데 이러한 천재성은 어렸을 때만 나타나고 왜 어른이 되면 사라지는 것일까? 여기서 우리가 천재성이라고 하는 것은 민감성이다. 민감성은 관심이다. 감각에 민감하고 호기심이 많아 새로운 것에 늘 열려있는 태도이다. 어른이 되면서 잃어버리고 있는 것이 바로 아이의 민감성이다. 사회가 정해 놓은 프레임에 갇히고 일상에 익숙해져 지루한 하루를 반복하고 있다면 천재성은 작동하지 않는다. 인간의 뇌는 익숙하거나 지루한 것엔 둔감해진다. 반면에 의미 있고 즐거운 것은 민감해진다. 잊지 못할 사건은 의미와 감정에 연결되어 있다.

나는 어른들의 암기력의 수준이 어느 정도인지에 대해 놀랐던 적이 있었다. 바로 최초의 불교 경전이 결집되던 때의 이야기다. 부처가 열반에 든 후 부처의 말씀을 널리 전하기 위해 제자들이 모여 기록으로 남기기로 한 때 일이다. 경전 결집이 이루어지는 과정은 이랬다. 항상 부처 곁에서 수행하던 제자는 아난다였다. 그는 부처가 생전에 설교했던 말씀을 그대로 생생하게 토씨 하나 안 틀리고 전한다. 그러면 다른 제자들은 그 말씀을 듣는 대로 바로 암송하기 시작했고 이 암송을 통해 부처의 말씀은 후대에 전달될 수 있었다. 이후 암송으로 전달되던 부처의 말씀이 문자로 옮겨지게 되면서 오늘날의 방대한 불교 경전이 된다.

이 일화는 인간의 집중력과 암기력이 어떤 수준까지 가능할 수 있는지 보여준다. 이 일이 얼마나 중요한 일인지에 대한 의미부여, 반드시 기억해서 후대에 전파해야 한다는 사명감, 부처의 말씀을 다시 생생하게 듣게 되는 기쁨이 이 일을 가능하게 했다. 어른도 아이들처럼 삶에의 열망으로 가득하다면 매일이 새롭고 의미 있을 것이다. 어른도 아이들처럼 세상에 대한 호기심으로 가득하다면 우리의 민감성은 다시 살아날 것이다. 우리의 천재성은 기지개를 켜며 다시 깨어날 것이다.

사람에겐 누구나 '나'로 태어난 이유가 있다. 다시 말해 하늘로부터 부여받은 사명이다. 사명은 한자로 使命, '이룰 사', '목숨 명'이다. 살아 있는 동안 이루어야 할 일이다. 사서삼경(四書三經)의 하나인 주역에서는 모든 인간은 태어나기 전에 이미 성(性)이라는 것을 갖고 이를 기반으로 생명이 창조된다고 하였다. 그래서 성질(性質)이라고 하는 것이다. 일명 기질이라고 한다. 인생이란 성질을 펼쳐나가 명(命)을 다하는 것이라고 풀이했다.

자신의 성질, 즉 기질을 잘 안다는 것은 삶을 얼마나 신나는 모험 놀이로 즐기느냐를 결정하는 필요충분조건이 된다. 자신의 타고난 성질을 잘 개발하여 성숙한 성품으로 승화된다. 따라서 기질은 사람마다 다 다르며 이 영역은 비경쟁 영역이다. 자신다움으로 치열한 경쟁 사회에서 벗어날 수 있다. 저마다의 고유한 창조적 생명 에너지를 가지고 태어난 것이 인간이다.

다시 말해 인간은 누구나 무엇인가의 천재로 태어난다는 것이다. 스스로 관심을 갖고 시키지 않았는데도 드러나는 잠재력이 그것이다. 그러한 재능은 특별한 사람들만이 가지고 있는 것이 아니다. 다만 그 재능이 사회적으로 이목을 집중시키고 관심을 끌어모을 수 있는 유형의 것일 때 천재로 인정을 받고 회자되는 것일 뿐이다.

아이들은 모두 천재로 태어났고 따라서 우리는 무엇인가의 천재다.

아이의 선천적 잠재력

아이들은 다양한 영역에서 천재성을 타고나며, 환경을 흡수하여 스스로 창조한다.

천재성의 원동력

세상에 대한 관심과 호기심 같은 민감성과 즐거움이 천재성을 활성화시킨다.

삶의 사명과 기질의 발견

인간은 저마다 고유한 성질과 사명을 가지고 태어나며, 이를 개발하면 천재성이 꽃피운다.

나의 결핍, 어린 시절의 울화병에서 왔다

우리는 뭔가 늘 자신의 선택에 대해 확신이 없다. 안정된 직장, 성실한 남편과 아이들. 특별히 문제가 있는 것도 아닌데 뭔가 불안하고 미래가 막연하다. 일을 잘 못 하는 것 같고 아이가 삐뚤어질까 봐 불안하다. 괜히 잔소리를 늘어놓다가 아이의 무성의한 태도에 '욱~' 하고 분노가 치밀기도 한다. 심지어 '혼자 있다가 죽으면 어떻게 하지?' 하는 생각도 한다. 떨칠 수 없는 이 기분 나쁜 감정은 어디에서 왔을까?

소스의 신이 된 남자가 있다. 그는 어렸을 적 주의력 결핍 과잉행동 장애, ADHD로 진단받았던 청년이다. 그는 어렸을 적부터 산만하다는 이유로 엄마 손에 이끌려 ADHD 진단을 받았다. 산만한 아이로 낙인이 찍힌 그는 청년이 되어 여러 일을 했지만 산만한 성격 때문에 적응하기가 어려웠다. 그러던 중 소스를 만드는 작은 기업에 입사하게 되었다. 잼이나 오일 등 다양한 맛과 재질의 소스를 개발하는 일이었다. 그는 재미를 느꼈다. 그리고 시간이 가는 줄도 모르고 열심히 일했다. 스스로 기민증에 걸렸다고 생각할 정도였다. 아침에 출근해서 일하다 문득 정신을 차려보면 저녁이었다. 직원들이 열심히 한다며 어깨를 두들기고 퇴근할 때가 돼서야 끼니도 거르고 일에 집중하고 있었다는 사실을 깨닫곤 했다. 체중이 20kg이나 줄어서 치료를 받을 지경이었다.

『마음의 지혜』에 소개된 사례이다. 인지심리학자 김경일은 이 청년은 ADHD가 아니었다고 한다. 집중유형에 따른 심리학적 구분에 따르면 '적합 이론가 유형'이라는 것이다. 이 유형은 자신에게 적합한 일을 만나야만 열정이 생성된다. 다양한 분야의 일을 해보면서 정말 좋아하는 것을 찾으면 된다. 이런 유형은 자기와 맞는 분야를 찾으면 열 시간 이상 집중력을 발휘하지만 그렇지 않은 분야에서는 5분도 어려워한다. 반면 개발 이론가 유형도 있다. 어떤 일이든 그것에 대한 열정과 의미가 점차적으로 증가하는 유형이다. 이런 유형은 일정 카테고리 안에서 직무를 변경해보면서 정말 싫은 것을 피하면 된다. 대부분의 사람에게 해당된다. 사람마다 집중할 수 있는 시간과 분야는 다르다.

이 사례처럼 우리 주변에는 일찌감치 ADHD라는 낙인이 찍혀 산만한 아이로 자란 경우가 많다. 무엇을 하든 산만한 아이로 눈총을 받고 끊임없는 제지를 받는다. 이것저것 해봐야 하는 아이는 한 가지를 진득하게 해야 한다는 요구와 기대에 시달린다. 잘못되었고 부족하며 못한다는 메시지가 아이의 마음에 억울함, 분노, 무기력으로 쌓인다. 이는 울화가 되어 무의식에 고스란히 각인된다. 항상 불안하고 충동적인 아이로 치부 당하는 삶은 학창시절까지 이어진다. 그의 어린 시절은 좌절의 기록이다. 그리고 그는 산만한 어른이 되었다. '산만함'이라는 그의 결핍은 어린 시절 낙인찍힌 순간 시작되었다.

아이의 불행은 아이 자신의 잘못이 아니다. 태어나는 시간, 부모, 가정, 지역, 나라, 시대 등 이 모든 것을 아이는 선택하지 않았다. 아니 선택할 수 없었다. 아주 작은 공간 하나도, 먹는 것, 입는 것, 자는 것 어느 하나도 아이는 선택할 수 없다. 환경을 조성할 수 있는 권한은 어른들만 가지고 있기 때문이다. 언제 밥상을 엎을지 모르겠는 아버지의 폭력, 기준 없는 훈육이나 방치, 엄마의 부재 등 부적절한 환경을 만난 아이는 고통스럽다. 예측할 수 없는 환경에서 자기가 잘 성장할 수 없다는 생존의 두려움은 정신적 결핍증세로 나타난다. 바로 울분이다. 울분은 믿음이 깨지면서 생기는 감정으로 답답한 마음이다. 모욕, 차별, 억울한 일 같은 것을 당했는데 이에 따른 합당한 조치가 없을 때 느끼는 부정적 포스에너지이다.

환경을 스스로 조성하거나 선택할 수 없는 아이는 어른의 이해와 이에 따른 적절한 환경이 없을 때 울분을 토한다. 울분은 아이의 고통으로 인한 울부짖음이다. 성장할 수 없는 아이, 정신적 허기를 채울 수 없는 아이의 마음에 울분이 쌓이면 울화병에 걸린다. 울화병은 조선 시대 여인들과 노비들이나 겪었던 병이 아니다. 울화병의 증세는 심각하다. 무기력한 아이, 소심한 아이, 불안한 아이, 게으른 아이. 또는 충동적인 아이, 폭력적인 아이, 과식하는 아이로 나타난다. 이는 일탈되어 나타나는 증세이다.

우리는 국민 육아프로그램 〈금쪽같은 내 새끼〉에서 금쪽이들을 본다. 어이없는 모습들을 보며 놀라기도 하고 안타까워하기도 한다. 그러나 결국 모든 원인이 아이를 둘러싼 환경에 있음이 드러난다. 환경을 바꾸면서, 특히 부모의 생각과 태도가 바뀌면서 아이가 갖고 있던 증세는 거짓말처럼 해결된다. 맞다. 아이는 달라진다. 어른이 달라지면 아이는 한순간에 달라진다. 유아기는 교정이 가능한 시기라서 궤도를 벗어났다가도 다시 제자리로 올 수 있는 회복 탄력성이 매우 높다. 자연의 창조적 에너지가 아이를 돕고 있기 때문이다. 아이가 자기의 기질대로 적절한 환경을 만나게 되면 아이는 이를 재료로 자신을 건설해 나간다. 아이의 정신과 육체는 건강하게 잘 자란다. 차분하며 두려워하지 않는다. 새로운 것에 도전적이다. 스스로 선택하고 반복하면서 집중한다. 반복은 자기완성하고자 하는 인간의 경향성이다. 따라서 아이는 게으르지 않다. 게으른 것이 일탈의 증거가 되는 것은 바로 이러한 아이의 본성 때문이다.

우리는 인간은 질서에 대한 민감성을 가지고 태어난다는 것을 이해할 필요가 있다. 이 우주의 질서를 간파해 낼 수 있는 능력이 있다는 의미이다. 우주의 질서는 자연의 법칙, 적응, 성장, 독립, 음과 양의 조화 같은 우주의 계획과 운영체계의 법칙이다. 아이는 무의식적으로 이를 감지한다. 이러한 질서감이 민감한 시기에 잘 준비된 환경을 만나면 아이는 안정되고 긍정적으로 세상을 인식하기 시작한다. 세상은 두려운 것이 아니라 탐구하고 싶은 대상이 된다.

그러나 만약 질서에 대한 민감성에 포착되는 세상이 무질서하고 어지럽다면 아이는 불안하다. 두렵다. 이 세상을 어떻게 탐험할지 엄두가 나지 않는다. 매일 폭음에 폭력을 일삼는 아버지, 우울증에 빠진 엄마. 매일 어떤 일이 언제 일어날지 모르는 환경에서 무슨 질서감을 찾을 수 있겠는가! 설령 이런 극단적인 상황이 아니라도 아이가 느끼는 질서감의 민감성을 간과해서는 안 된다.

어린이집에 다니는 아이가 있다. 하원하는 시간에 할머니가 데리러 왔다. 그런데 아이는 집에 가는 내내 짜증을 내고 안 간다고 떼를 쓴다. 아무리 달래봐도 통하지 않는다. 할머니는 이 손자를 어찌해야 할지 몰라 쩔쩔맨다. 이 아이는 왜 이렇게 고집이 셀까? 누굴 닮아서 이러는 걸까? 도무지 알 수가 없다. 이 장면은 우리가 종종 만나는 흔한 일상이다.

좋아하는 할머니가 데리러 왔는데 아이는 도대체 왜 그러는 걸까? 몬테소리는 이를 질서의 민감기 때문이라고 설명했다. 하원 때마다 아이를 데리러 오는 사람은 엄마였다. 그런데 어느 날 아무런 안내 없이 할머니가 오다니! 예측하지 않은 상황이 벌어진 것이다. 아이는 두렵다. 엄마가 언제 사라질지도 모르겠다고 느끼기 시작한다. 믿을 것이 없고 기댈 것이 없다. 어른의 편리함 때문에 이리저리 환경이 계속 바뀐다면 아이는 혼란에 빠진다. 어떻게 대응해나가야 할지 두려워진다. 두려움은 아이를 불안하게 만들고 새로운 탐색에 소극적인 아이로 바꾼다. 낯선 곳에 가면 더욱 주눅 들고 모든 것에 자신이 없다. 어떻게 변할지 모르기 때문에 내가 무엇을 할 수 있는지도 모른다. 아이는 자기 능력에 대해 무지하기 때문에 새로운 도전은 너무 힘든 일이 된다. 답답해진 부모는 아이를 고치려 든다. 친구들도 붙여주고, 놀이터도 가고, 수영장도 데려간다. 그럴수록 아이는 점점 더 두려워진다. 이 모든 것은 아이의 무의식에 각인된다.

이는 아이의 경우일 뿐이라고 생각하지는 않을 것이다. 인간이 적응하는 과정이 이러하다는 것을 우리는 잘 알고 있다. 예측할 수 없는 상황, 여기저기 돌출되는 우연들, 불안한 정치, 연일 떠들어대는 경제 불안, 치솟는 물가지수, 묻지 마 살인사건, 최저 출생률, 초고령사회 진입 등 브레이크가 고장 난 것 같은 급속한 사회의 변화들은 우리를 두렵게 만든다. 두렵기 때문에 오는 불안함은 스트레스로 쌓이게 된다. 스트레스는 몸을 상하게 하고 영혼을 황폐하게 한다. 살아 있지만 마치 무덤 속 같은 삶이다.

그러나 같은 스트레스 상황이라도 사람마다 보이는 반응은 다르다. 각자가 겪는 정신적 스트레스가 지금 당면하는 현실적 어려움 때문만은 아니라는 것을 시사한다. 같은 상황에 처해 있더라도 휘청거리며 금방 포기하고 주저앉는 사람이 있는가 하면 이를 담담하게 받아들이고 방법을 찾아 극복해나가는 사람이 있다. 이러한 차이는 대부분 어렸을 때의 정신적, 정서적 결핍 여부에 기인한다. 일관성 없고 무지한 부모의 태도와 피폐한 환경에 원인이 있다. 지금까지 뭔지 모르게 나를 괴롭히던 결핍은 내 탓이 아니다. 다시 말해 결핍은 내가 아니다. 따라서 결핍을 나로부터 분리할 수 있다. 결핍을 인정하면 힘을 잃는다. 나를 속박한 부정적인 감정으로부터 벗어날 수 있다.

자신이 부족하다고 느낀다면, 이유 없이 불안하다면 이러한 감정이 어디에서부터 왔는지 어린 시절을 돌아보자. 결핍의 기원을 찾게 되면 비로소 나 자신과 마주할 수 있다.

어린 시절의 부정적인 환경과 일관성 없는 태도가 결핍을 만들고, 이는 불안과 두려움으로 남는다.

어린 시절의 억울함과 울분은 무의식에 각인되어 어른이 되어서도 불안과 무기력으로 드러난다.

결핍의 기원을 인정하고 분리하면, 비로소 나 자신과 마주할 수 있다.

기질은 디폴트, 환경은 변수

일상이 매너리즘에 빠져 반복된다면 이 길의 끝은 죽음이다. 의미를 상실한 채 반복되는 삶은 자신뿐만 아니라 사랑하는 가족들에게도 전염된다. 그런데 의외로 이러한 삶을 사는 사람들이 많다. 원하지 않으면서도 매너리즘의 굴레에서 벗어나지 못한다면 어떻게 하면 좋겠는가?

자! 여기서 아이를 다시 떠올려 보자. 일탈되었던 아이가 한순간에 달라지는 과정을 다시 되짚어 보자. 아이가 달라지기 이전에 바뀐 것이 무엇이었는가? 바로 환경이다. 물리적 환경인 집안 환경이 달라졌고, 인적환경인 부모, 양육자의 태도가 달라졌다. 그러자 불안하거나 폭력적인 아이가 한순간에 달라졌다.

이처럼 매너리즘에서 벗어나려면 환경을 바꾸면 된다. 아이는 환경을 스스로 조성할 수 없지만, 어른은 다르다. 나 자신이 환경의 조성자이자 사용자이다. 따라서 나를 위한 환경을 내가 선택하고 조성할 수 있다. 환경의 주권이 나에게 있다. 이것이 아이와 어른의 차이점이다. 우리가 환경을 바꿀 때 가정 먼저 알아야 하는 것이 자기의 기질 또는 성질이다. 아이의 천성과 발달을 잘 알고 세심하게 배려해서 환경을 마련해 주어야 하는 것처럼 어른도 마찬가지이다. 자신을 잘 알고 환경을 세팅해야 나를 제대로 도울 수 있다. 타고난 기질과 환경과의 관계에 대해 논란이 있지만, 이 두 조건의 연관성은 매우 긴밀하다.

넷플릭스에서 방영되고 있는 다큐멘터리 〈어느 일란성 세쌍둥이의 재회〉는 입양된 지 19년 만에 우연히 재회하게 된 일란성 세쌍둥이의 실화를 다루고 있다. 태어나자마자 입양된 세쌍둥이는 각기 다른 가정에 입양되었다. 그들은 자신이 쌍둥이인 줄 모르고 살았다. 우연히 한 명이 대학에 입학하게 되면서 쌍둥이가 있다는 사실을 알게 되고 이 기사를 보고 한 명이 더 나타나 세쌍둥이가 만나게 된다. 이 놀라운 사건은 미국 전역에 뉴스로 전해지고 세쌍둥이가 토크쇼 등에 출현하게 되면서 사회적으로 큰 주목을 받았다. 그들은 19년 만에 만났음에도 불구하고 아무 어색함 없이 서로 끌어안고 기뻐했다. 그들의 행동거지, 성격, 취향, 좋아하는 색이나 스포츠, 심지어 피고 있는 담배까지도 똑같았다. 여자 취향에 대해서 묻자 세 명 다 연상을 좋아한다고 답했다. 사람들은 연속되는 우연의 일치에 놀라움을 금치 못했다. 완전히 남남으로 지냈던 세쌍둥이가 보이는 이러한 우연의 일치는 부모로부터 물려받은 유전이 개인의 행동을 결정한다는 것을 인정하지 않을 수 없게 만들었다.
그러나 충격적이었던 것은 이들이 루이즈 와이즈 입양기관에서 쌍둥이였다는 것을 숨기고 분리 입양되었다는 사실뿐만이 아니라, 이 사건이 뉴

욕 정신과 의사 피터 뉴 바우어 박사가 연구 책임자로 진행한 대대적인 실험이었다는 점이다. 유전적 요인이 같은 쌍둥이가 각자 다른 환경에서 어떻게 자라는지를 연구하기 위함이었다. 의도적으로 노동자층, 중산층, 부유층의 가정에 각각 분리 입양되었던 것이다. 이는 윤리적, 사회적 물의를 일으켰다. 결국, 연구는 피터 뉴 바우어 박사의 사망으로 발표되지 못한 채 비공개로 묻히게 된다.

그런데 여기서 끝나지 않았다. 기적 같은 재회를 한 세쌍둥이는 서로에게 매료되어 함께 방을 얻어 살기로 한다. 유명해진 그들은 함께 레스토랑까지 운영하게 된다. 그러나 마냥 행복할 것 같았던 그들은 성격 차이로 갈등을 겪게 되고 결국 헤어지게 된다. 게다가 그중 중산층 가정에 입양되었던 에디가 권총 자살을 하게 된다. 가장 인기 있었던 에디의 자살은 의외였다. 부인의 말에 따르면 에디는 조울증으로 이상한 행동들을 일삼았으며 상담이 어려울 정도로 심각한 상태였다고 한다. 그런데 놀랍게도 에디뿐만 아니라 이 세쌍둥이는 모두 어렸을 때 분리불안 장애를 겪었으며 10대 때 모두 정신과적 문제를 겪었다. 생모가 정신질환을 앓았다는 것도 밝혀졌다.

그런데 여기서 주목해야 하는 것이 각자의 환경조건이다. 부유층인 가정의 양부는 의사라 너무 바빴지만, 아이에 대한 사랑을 표현하려고 노력했다. 노동자층 가정의 양부는 자기 아들을 최고로 생각했다. 세쌍둥이가 만났을 때도 자식이 더 생겼다고 함께 기뻐하며 잘 지내도록 격려를 아끼지 않았다. 그러나 중산층 가정이었던 에디의 양부는 전형적인 미국의 꽉 막힌 아버지로 엄격한 원칙주의자였다. 어렸을 때부터 양아들의 행동을 통제했다. 에디는 군대식의 보수적인 교사인 양부와 사이가 좋지 않았다. 권총 자살 사건 이후 에디의 양부는 인터뷰에서 자신이 뭘 더 가르쳤어야 했는지 생각한다고 말했다. 그는 에디에게 절실했던 것은 양부의 포용과 인정, 그리고 자유와 독립이라는 것은 자각하지 못하고 있는 듯했다.

이 실화를 통해 우리는 유전자가 운명을 좌우하는 것은 아니라는 것. 양육환경이 어떠냐에 따라 유전적 결함을 극복할 수도 있다는 것을 다시 한 번 확인할 수 있었다. 유전자가 가리키는 방향으로 가게 되지만 어떤 사람이 되느냐가 정해져 있다는 뜻은 아니라는 것이다. 엄격하고 자유가 없던 에디의 양육환경과 나머지 두 명의 양육환경이 어떻게 달랐는지, 그리고 어떻게 인생에 영향을 끼치는지를 깊이 생각하게 하는 다큐멘터리였다.

우리는 자기의 타고난 기질을 잘 알 때 인생의 방향을 잘 잡을 수가 있다. '자기답다.'라고 느끼며 삶의 의미와 가치도 깨닫는다. 삶이 행복하다. 그러나 기질이 긍정적으로 드러나려면 환경이 중요하다. 결함이 있더라고 질 좋은 환경에 있다면 잘 극복할 수 있다. 가지고 태어난 기질이나 성질이 환경을 통해 잘 드러나고 닦여서 성숙한 성품이 될 수 있다는 것을 보여주고 있는 사례이다.

하는 일이 곧 나의 기질을 펼치는 일과 일치되면 될수록 삶은 예술이 된다. 덕업일치가 되니 일이 즐겁다. 즐겁게 일을 하니 결과도 좋다. 과정 안에서의 도전과 혼란, 일탈, 번아웃이 올 수도 있지만, 이는 명검을 만들기 위한 단련의 과정일 뿐이라는 것을 스스로가 잘 안다. 흔들릴 수는 있지만 꺾이진 않는다. 자신의 사명, 운명을 깨달은 사람은 잠시 지칠 수는 있지만 절대 엉뚱한 길로 자신의 인생을 끌고 가지는 않는다. 어떤 상황에서도 미래의 자신의 모습을 상상할 수 있는 힘이 있다. 자기에 대한 근본신뢰가 있다. 이는 우주가 가장 반기는 인간의 삶이다. 우주는 모든 창조물이 조화를 이루며 아름다운 우주를 닮은 모습으로 빛나기를 바라기 때문이다.

아이는 나의 원형이다. 우리는 저마다 다른 기질을 타고 태어났다. 그리고 타고난 기질을 펼쳐나가며 자기다운 모습으로 성숙해 가는 과정이 삶이다. 따라서 나의 삶은 하나의 세계이자 하나의 우주이다. 아름다운 우주가 되기 위해서는 타고난 기질을 잘 개발하고 펼쳐나갈 수 있는 환경이 중요하다. 기질은 타고난 에너지이지만 확정된 것은 아니며 환경에 따라 달라지기 때문이다. 이제 내 삶의 변수, 환경의 주권자는 바로 나이다. 환경 탓을 하는 것은 자신의 주권을 포기한 자이다. 어렸을 때는 부모 탓, 환경 탓을 할 수 있었지만, 지금은 아니다. 환경을 선택할 수 있는 힘은 나에게 있다. 스스로 자신의 기질을 잘 발견하고 펼쳐나갈 수 있는 환경을 세팅하는 것이 지금 내가 할 일이다.

인생은 타고난 기질과 환경과의 화학작용을 통해 오묘하게 빚어지는 저마다의 창조놀이이다. 나의 인생은 나 스스로 만드는 것이다.

기질과 환경의 상호작용

타고난 기질은 고정된 것이 아니며, 환경에 따라 긍정적으로 발현되고 성숙해질 수 있다.

어른은 환경을 스스로 선택하고 조성할 수 있는 존재이며, 환경의 주권자는 바로 나 자신이다.

자기다운 삶

스스로의 기질을 잘 발견하고 펼칠 수 있는 환경을 선택할 때, 인생은 나만의 창조놀이가 된다.

아이는 일에 진심이다

네 운명을 사랑하라고 한 현대인이 사랑하는 철학자 니체는 "창조하는 유희를 위해서는 성스러운 긍정이 필요하다."라고 하였다. 그는 놀이에 집중하는 아이의 모습에서 진정한 창조자의 모습을 발견했다. 마리아 몬테소리 또한 의대생 시절, 이탈리아 로마의 핀치오 공원에서 거지 모녀의 모습을 보고 깊은 인상을 받았다. 운명의 수레바퀴 살에 갇힌 채 헐벗고 굶주림에 지쳐 구걸하고 있는 엄마. 그러나 그 옆에서 종잇조각을 만지작거리며 온전히 놀이에 집중하고 있는 아이의 모습은 행복해 보였다. 이 장면은 그녀의 뇌리에 깊숙이 박혔다. 무엇이 아이를 그렇게 집중할 수 있게 하였을까? 훗날 정신과 의사에서 교육자로, 세계적인 아동 운동가로 아이를 관찰하고 연구하면서 그녀는 아이들의 위대한 힘의 비밀을 발견할 수 있었다.

아이는 태어나면서부터 자유와 독립을 향해 나아간다. 그리고 그것은 스스로 선택한 창조적 놀이를 통해 구현된다. 아이들은 자신의 환경에서 일할 것을 선택한다. 그 일은 단순한 유희만을 위한 것이 아니다. 자신의 발달에 도움이 될 만한 일이다. 이 때문에 놀이와 엄밀히 구별된다. 그래서 일은 신성한 것이다. 무거운 모래 바구니를 퍼 옮기며 대근육을 발달을 돕는 것. '집게로 옮기기'를 하면서 연필을 잡을 수 있도록 세 손가락의 힘을 기르는 것. 단추를 끼워 스스로 옷을 입는 것 같은 일이다. 이는 자신을 돌볼 수 있는 기능을 익혀 일상생활에서 독립적인 존재가 되는 일들이다. 꽃에 물을 주고 닦아 주는 일, 동물의 먹이를 챙겨주는 일 같은 자연을 배려하는 일들이다. 또한, 소리, 길이, 감각, 무게, 크기, 색등을 구별하는 일, 똑같은 것을 찾는 일, 비교해서 순서 짓는 일, 같은 속성을 가진 것끼리 분류하는 일 등 자신의 감각을 다듬고 정신을 세우는 일들을 말한다. 자신의 기능과 자질의 발달을 통해 스스로의 독립을 돕고 세상과의 관계를 잘 맺을 수 있도록 하는 것이 아이의 일인 것이다. 그렇다고 아이가 일의 목적을 의식적으로 이해해서 하는 것은 아니다. 아이가 인간존재로서 올바른 역할을 할 수 있도록 그 길을 안내해 주는 것은 자연의 창조적 에너지이다.

아이는 자신의 내적 발달요구에 따라 일을 선택하고 스스로 만족할 때까지 활동을 반복한다는 것은 오랜 시간에 걸쳐 관찰되었다. 활동에 대한 만족은 아이의 내면에서 일어나는 정신적 신호가 정한다. 그래서 우리는 언제 아이가 반복을 끝내는지 알지 못한다. 또한, 왜 끝내는지도 잘 알지 못한다. 더군다나 아이는 자신을 어른들에게 잘 설명하지 못한다. 가령 쌓기일을 하면서 "엄마, 나 지금 크기개념을 배우는 중이거든요. 조금만 있으면 알 수 있을 것 같으니 기다려주세요."라고 말하지 못한다. 같은 책을 반복해서 읽고 있는 아이는 마음속으로 이렇게 말하고 있는지도 모른다. "엄마, 나 지금 나나 언니하고 놀고 있거든요. 너무 재밌어서 내일 또 만날 거예요. 당분간은 그럴 것 같아요."라고 말이다.

많은 경우 우리는 어른의 처지에 맞춰 아이의 시간을 정한다. 그리고 아이들을 향해 "도대체 얘가 몇 번을 하는 거야? 5번이나 했잖아. 이제 그만~"이라고 말한다. 심지어 읽은 책에는 스티커를 붙여놓고 스티커 붙이지 않은 책을 읽어보도록 하기도 한다. 골고루 읽어보게 하려는 의도이리라. 그러나 이는 아이를 모르기 때문이다. 아니 나의 본성, 즉 인간은 반복을 통해 자기완성에 도달하려는 경향성을 가진 정신적 존재라는 사실을 잊었기 때문이다.

4살 여자아이 지수(가명)는 맨발로 현관문을 열어주는 에너지가 너무도 밝은 아이이다. 수업 전 "화장실에서 손 씻고 올게요." 하면 자기도 쪼르르 달려가 먼저 세면대에 올라서곤 한다. 글을 모르는 아이이지만 말은 꽤 잘한다. 책 읽는 것도 좋아해서 오늘은 어떤 책일지 너무 궁금해 선생님 가방만 쳐다보곤 한다. 그날은 『줄 타는 코끼리』라는 동화를 들려주었다. 그림도 보고 이야기도 나누면서 읽어주고 있는데 거미가 만든 거미줄로 줄을 타는 코끼리가 등장하는 장면이 등장했다. 순간 갑자기 지수가 뒤에 있는 책장에 발을 올리고 물구나무서기를 하는 것이다. 자기도 코끼리처럼 줄타기하는 것이다. '아~ 이 장면을 보고 이렇게 물구나무서기를 하는 아이라니.' 코끼리의 두 발처럼 지수의 두 손은 가느다란 거미줄을 잡고 있었으며 몸이 휘청대는 것을 조절하면서 즐거운 줄타기 곡예를 하고 있는 순간이었다.

우리는 책만 읽고 끝나면 아무 소용이 없다는 것을 잘 안다. 작가와 교감하면서 실제로 삶에 적용해 보아야 의미가 있다고 말하곤 한다. 그러나 진짜 그렇게 실천하기가 여간 귀찮은지 모른다. 그리고 때때로 그렇게 해야하는 것조차 잊고 지나가기 일쑤이다. 그런데 4살 지수는 누가 하라고 하지 않았는데도 스스로 알아서 한다. 눈으로만 보는 그림책이 아니라 그 세상을 온몸으로 느낀다. 끙끙거리며 거꾸로 물구나무서기를 해가며 코끼리와 그렇게 공감하고 교감한다. "책은 이렇게 읽는 거예요."라고 나한테 말해주고 있는 듯했다. 지수의 어머니도 이야기를 전해 듣고는 놀랍다고 한다. 그렇게 크게 몸을 움직이며 흉내를 냈냐고 한다. 지수는 그 이후로도 책에서 나오는 것을 따라 하고는 했다. 『점』 책을 보면서 점으로 그림을 그려보기도 했고 『괴물이 나타났다』에서는 진짜 괴물이 나타난 듯 선생님 등 뒤로 숨어서 보고는 했다. 아이는 그렇게 책 읽는 법을 보여주었다.

태평한 애벌레의 삶을 버리고 자신의 힘으로 변태하여 날아오르고 싶은 나비의 꿈은 인간의 타고난 자기실현의 본성이다. 따라서 스스로의 성장을 위한 창조적 생명 에너지를 지닌 아이들의 눈빛은 언제나 살아 있다. 일을 대하는 태도도 매우 진지하다.

우주는 창조놀이의 장이다. 아이는 타고난 생명 에너지로 창조놀이를 즐긴다. 생명 감각으로 의미 있고 즐겁게 하는 창조놀이. 그것이 일이다. 아이는 우리에게 일에 대해 가르쳐주고 있다.

만약 내가 하는 일이 노동이 되고 있다면, 다시 생각하라! 쳇바퀴 돌 듯이 무의미하게 일상을 반복하고 있다면 나는 서서히 죽어가고 있는 것이나 다름없다. 이 세상에 태어난 존재이유를 놓치고 있는 것이다. 인생은 주어진 일을 열심히만 해야 하는 것이 아니다. 아이처럼 생명이 이끄는 것을 선택하고 집중하는 것이다. 과정에 충실하며 진심으로 일해야 한다. 그래야 운명의 수레바퀴의 바큇살에서 중심축으로 들어갈 수 있다. 삶의 여유와 통찰을 통해 비로소 삶의 창조놀이를 음미할 수 있다.

반복의 의미

인간은 반복을 통해 자기완성에 도달하는 존재이며, 아이는 이를 온몸으로 보여준다.

진심으로 하는 일

아이처럼 일이 노동이 아닌 창조놀이가 될 때, 우리는 삶을 의미 있게 만들어갈 수 있다.

아이는 어떻게 배우는가?

　77세 윤여정 배우의 삶을 보면 언제나 당당하고 멋있다. 스스로를 생계형 배우라고 부르는 그녀는 60년대 주연배우로 화려하게 데뷔했었다. 그녀는 결혼하면서 남편을 따라 미국으로 건너가 13년간 주부로 살게 된다. 하지만 40세에 이혼하게 되면서 홀로 두 아들을 부양해야 했기에 배우 생활을 재개하게 된다. 그녀는 단역도, 보조출연도 마다하지 않고 주어진 역에 밤새워 연습하며 최선을 다했다. 다시 시작한 연기 생활은 혹독했지만, 이는 오히려 연기자로서 넓은 스펙트럼을 갖게 되는 계기가 되었다. 그녀는 당시 이혼녀라는 낙인과 '재수 없다.'라는 사회의 부정적 정서도 받아들이고 스스로 극복해나갔다. 그녀는 인생에 있어 시행착오를 겪었지만, 결코 무너지지 않았다. 그녀는 자신만의 색깔로 독창적인 정체성을 확립했고, 74세에 아카데미상을 수상하며 세계적인 배우가 되었다.

　인간은 누구나 자신의 삶이 있다. 그리고 그 삶에서 각자는 왕이다. 나의 삶의 왕으로 산다는 것은 어떻게 사는 것일까? 스스로 자신에게 명령을 내리는 삶이다. 스스로 명령을 내리지 못하면 다른 사람이 나에게 명령을 내린다. 명령은 복종을 부른다. 복종하는 삶은 하인의 삶이다. 명령의 주체가 되는 것은 그래서 중요하다. 내가 정한 대로 실행을 하며 살아야 한다. 실행은 행동으로 옮기는 것을 말한다. 왕으로서의 행동은 자신과 가족, 사회에 최선을 다하는 것이다. 최선이란 주어진 환경, 상황, 조건에서 가장 좋고 훌륭한 행동을 선택하는 것이다. 온 정성과 힘을 다하는 것이다.

나 자신의 삶에서 왕일 때 그 행동은 주체적이다. 종속되지 않은 채 주체적으로 산다는 것은 스스로 선택하고 그 선택에 대한 책임을 진다는 것이다. 선택이 실수일지라도 기꺼이 그 실수에 대한 책임을 지는 것이다. 실수는 왜 일어난 것인지, 어떻게 일어난 것인지, 과정을 면밀히 관찰하고 분석한 후 원인을 찾아내 적절한 조치를 취하는 것이다. 이를 '실수관리'라고 한다.

누구나 실수를 한다. 그리고 그 실수를 통해 우리는 완벽으로 나아간다. 실수는 관리하면 된다. 실수를 관리할 수 있는 능력을 키우는 것이 삶의 기술이다. 실수하고 싶지 않다면 실수하면 안 된다는 생각을 내려놓아야 한다. 그저 자신을 믿고 내가 할 수 있는 최선을 다하면 된다. 실수에 대해 지나치게 신경을 쓰면 몸이 경직된다. 몸이 경직되면 당연히 실수하게 된다.

우리 뇌는 부정어를 인식 못 한다. '담배를 끊어야 해.'라고 생각하면 '담배'가 생각나고 '지각을 하면 안 돼'라고 하면 '지각'하는 상황이 그려진다. 뇌는 '담배' '지각'이란 단어만 인식하고 그에 대한 경험자료를 불러 모은다. '실수하면 안 돼.'라고 생각하면 '실수'에 대한 에너지가 '실수'를 부르게 되는 것이다.

인생은 창조놀이라고 했다. 쌓았다가도 부서지고 부서졌더라도 다시 쌓을 수 있다. 실수는 삶의 창조놀이 과정의 하나이다. 그래서 언제나 실수할 수 있고 언제나 다시 시작할 수 있다. 생각이 경직되면 몸도 경직된다. 생각과 몸은 서로 연결되어 작용한다는 뜻이다. 하나이면서 둘이고 둘이면서 하나이다. 창조적 놀이는 자유로운 정신과 이완된 신체에서 가능하다. 널 뛰듯이 가지고 놀아야 한다. 잘 놀 수 있으려면 시도와 실수를 반복하여야 한다. 실수들을 반복하는 횟수에 따라 관리할 수 있는 능력이 커진다. 몸이 익힐 때까지 그때까지 시도와 실수를 반복해 보자. 그러다 보면 스스로 만족스러운 지점을 만나게 된다. 그 순간 자유로워진다. 대단한 만족과 기쁨을 맛보게 된다.

이것이 아이들이 본래 세상을 배우는 방식이다. 그래서 아이들은 회복탄력성이 높다. 엉덩방아를 수없이 찍지만 서서 걷기를 반복하고, 탑 쌓기를 10번이고 20번이고 무너졌다 쌓기를 반복한다. 방금 울었다가도 돌아서면 웃는다. 실패나 좌절에서 금방 회복된다. 오히려 실수관리를 통해 얻게 된 성취는 아이에게 내적인 만족과 특별한 기쁨을 준다. 그리고 이러한 만족과 기쁨은 새로운 창조놀이의 내적 동기가 된다. 일단 내적 동기부여가 되면 그 순간부터 외적인 보상이나 처벌은 무의미해진다. 아무런 작용을 하지 못한다. 우리는 의외로 아이가 상과 벌에 무관심하다는 것을 관찰을 통해 알아냈다. 아이의 관심은 내가 이 활동을 통해 내가 어떻게 성장했는지에 있다. 완성된 결과물이 아니라 '내가 무엇을 할 수 있게 되었는가?'가 중요하다. 아이는 자신의 성장과 발달을 통해 자유롭고 독립적인 존재, 즉 어른이 되는 것이 목적이기 때문이다.

초등학교 3학년 남자아이가 있다. 6살 때부터 개인 수업을 해왔던 터라 아이의 성장을 쭈욱 관찰할 수 있었다. 어느 날 아이는 축구에서 3골을 넣었다고 신이 났다. 1년 전 『진짜 내 소원』 책을 읽으며 독후활동을 했었다. 진짜 내 소원을 생각해 보고 써 보는 시간 갖고 캔버스에 적어서 벽에 걸어 놨었다. 그런데 그때 적었던 축구 1골 넣기 소원을 이미 달성했고 이번에는 3골을 넣었다는 것이다. 줄넘기도 12번으로 늘었다고 하면서 목표를 더 높게 정할 것이라고 한다. 영어시험 100점 받기도 스스로 소원으로 정했었다. 그런데 영어시험도 이젠 외우기 방법을 생각해서 했더니 너무 쉬워졌다고 한다. 공부했던 교재도 보여주고 그동안 봤던 시험지도 보여준다. 스스로 터득한 암기기법을 열심히 설명해주었다. 단어에 의미를 붙인 연상법이다. 긴 문장을 단어, 구, 문장으로 더해가면서 순차적 문장 외우기 등의 방법을 생각해 내었다고 한다. 형광펜으로 연습한 두툼한 시험지를 보니 혼자서 연구하며 연습했을 아이가 그려졌다. '아~ 이렇게 하고 있었구나.' 감동이 밀려왔다.

아이는 "상상하고 예상하면 모든 일이 다 된다."라고 하면서 뇌에 그림 그리는 부분과 쓰레기통이 있다고 생각한다고 말했다. 너무 놀라워서 그것이 어떻게 이루어지는 건지 좀 더 설명해 달라고 했다. 아이는 어떤 생각을 하면 우선 그림으로 그려보고 아니면 옆의 쓰레기통에 버리고 또 상상해보곤 한다고 한다. 수업 때 책을 읽고 난 후 스케치 노트를 그리며 책에 관해 대화를 나누었던 것을 아이가 삶에 적용한 것이다.

주말 동안 『꽃들에게 희망을』 필사하기 과제도 3페이지나 하고 독후노트도 2편이나 했다고 보여준다. 주말에 하려고 주간계획표 보고 체크 했었는데 주말마다 가족여행이나 친구, 친척이 와서 못했다고 했었다. 그때마다 어떻게 하면 좋을지 생각해 보도록 했다. 잘 안 되는 시간이 한두 달 정도 이어졌다. 그런데 이번에는 저녁에 잘 때 아침에 일어나자마자 해야겠다고 마음먹고 일어나서 바로 했다고 한다. 스스로 계획하고 실행방법을 연구해서 이리저리 해본 것이다. 실행으로 옮겨 본 아이는 이미 달라져 있었다.

스스로 터득한 암기법이 효과를 발휘하자 아이는 자신감이 붙어 있었다. 문제가 있으면 생각하고 스스로 답을 찾아냈다. 그리고 그 답을 적용해 실행해 보면서 계속 수정해 나갔다. 바로 실수관리를 스스로 한 것이다. 얼마 전까지 수학이 어렵다고 재미없어했는데 수학도 잘 봤다고 자랑스러워한다. 스스로 실수를 관리해서 성취한 하나의 경험은 아이에게 내적 동기가 되었고 아이는 이를 다른 문제 상황에도 적용했던 것이다.

실수에 대해 아이처럼 해보자! 실수했다고 아이는 주눅 들지 않는다. 당연하다고 생각한다. 오히려 실수는 방법을 찾는 과정이라고 여기는 것 같다. 우리는 실수에서 자유로워질 필요가 있다. 그래야 시도조차 못 하고 접어버리곤 했던 것들을 다시 들춰 볼 마음먹기가 가능해진다. 다시 처음부터 시작할 수 있는 용기가 난다. 열패감, 무능감, 우울감에서 벗어날 수 있다. 이제 모르면 알 때까지, 실수해도 다시 해보는 아이가 되어보자.

우리가 실수로부터 자유롭지 못한 이유는 논리적이고 합리적인 순서대로 진행되어야 한다고 생각하기 때문이다. 우리는 공교육제도에서 교육받으면서 믿게 된 교수방식이 있다. 모든 것은 가장 쉬운 것에서 어려운 것으로, 구체적인 것에서 추상으로, 'ㄱ, ㄴ, ㄷ, ㄹ…'같이 순서대로 배우는 것이 정도(正道)라는 생각이다. 그런데 아이들과 수업을 해보면서 아이는 그렇게 순서대로 순차적으로 배우지 않는다는 것을 발견했다. 다시 말하면 아이는 예를 들면, 'ㅅ, ㅂ, ㄴ, ㅈ…' 이런 식으로도 배운다는 것이다. 대부분의 학습에 있어 아이는 자신이 관심 있는 것에서 출발한다. 흥미와 관심이 있는 것에 집중한다. 그렇게 'ㅅ, ㅂ, ㄴ, ㅈ…'로 하다가 어느 순간 전부를 꿰어버린다. 'ㄱ, ㄴ, ㄷ, ㄹ…' 차례대로 가르쳐야 한다는 것은 전통적 교육 방식이다. 교사가 수업 계획을 세우고 이끄는 방식이다. 이런 교수 원칙만 고수하다 보면 아이와 맞지 않는 간극이 있다는 것을 느낄 수 있다. 이때부터 아이의 흥미가 사라지고 집중도가 떨어지기 시작한다.

그런데 아이가 가장 좋아하는 것을 찾아내고 그 지점부터 풀기 시작하면 달라진다. 스스로 선택한 문제를 풀어가는 여정에서 새롭게 궁금한 것이 나온다. 그 지점을 따라가다 보면 자연스럽게 이치가 이해된다. 어렵게 풀지 않아도 된다. 아이를 따르면 된다. 그것이 지름길이다.

우리는 모두 아이로부터 왔다. 아이처럼 배워보자. 배움 안에 나를 자유롭게 풀어주고 흥미와 관심이 이끄는 대로 따라 가보자. 도전하고 시도해보는 과정에서 겪는 실수는 자연스러운 일이다. 정작 중요한 것은 실수를 관리하는 힘이다.

당당하고 멋있게 사는 삶, 왕으로 사는 주도적 삶의 방식은 아이의 삶을 보면 잘 알 수 있다. 자신의 환경을 수용할 뿐 아니라 이를 극복하고 지배하는 행동의 선택방식을 그대로 보여준다.

아이가 어른의 선생이다.

실수는 삶의 창조놀이 과정의 하나이다.

아이는 자신의 성장과 발달을 통해 자유롭고 독립적인 존재인 어른이 되는 것이 목적이다.

아이처럼 배움 안에 나를 자유롭게 풀어주고 흥미와 관심이 이끄는 대로 따라 가보자.

아이를 통해 나의 미래를 보다

아이는 이 세상에 대한 경험도 없고 정보도 없이 태어난다. 자아라는 의식이 미처 생기지도 않았다. 심지어 이전 기억도 없다. 그러면 아이는 무엇으로 사는 걸까? 스피노자는 '자연은 즉 신'이라고 말했다. 자연의 섭리 안에 모든 만물의 창조원리가 다 있다는 것이다. 아이를 이끄는 에너지는 자연의 에너지이다. 아이는 인간존재가 갖고 태어난 본성적인 경향성을 그대로 보여준다. 아이는 태어나서 환경의 질서를 탐색하고 적응하고 극복한다. 환경의 종속자에서 독립적인 주체자로 나아간다. 우주의 질서를 유지하고 세계시민으로서 평화를 구현한다.

아이는 인간의 본성을 여과 없이 보여주기 때문에 아이를 관찰하고 공부하면 나의 본성을 잘 이해할 수 있다. 아이는 모성애를 가진 양육자의 보호와 자유와 독립을 위한 환경만 준비해 준다면, 주체적인 세계시민으로 성장한다. 세계시민으로 성장한다는 건 세계가 모두 연결되었다는 것을 알고 인간존재의 위치와 역할을 실천하는 사람으로 성장한다는 것이다. 올바르게 성장한 세계시민은 인류에 대한 명확한 비전을 그릴 수 있으며 그 방향을 제시할 수 있다.

유아기는 정신적 자질과 성격을 건설하고 사회적 역할을 준비하는 시기이다. 이러한 발달을 이끄는 것은 자연의 에너지이다. 아이는 "나 스스로 할 수 있도록 나를 도와주세요!"라고 하면서 끊임없이 독립을 추구하는 본성을 보여주며 우리를 일깨워준다.

무력감이나 번아웃이 왔다면 우리는 선의로 가득 찬 아이의 본성을 잃은 것이다. 내가 아닌 외부의 기준에 맞추어 경쟁하느라 나의 영혼을 챙길 시간이 없었던 것이다. 우리는 경쟁에서 벗어날 필요가 있다. 경쟁이 편안하고 즐겁고 자유롭게 느껴지는 사람은 없다. 비록 자신의 의지로 전쟁터에 자신을 몰아넣고 경쟁을 통해 물질적 사회적 성취를 이루었다 하더라도 결국 지치고 만다. 경쟁은 스스로 멈추지 않는 한 끝이 없다. 경쟁은 우리의 영혼을 황폐하게 한다. 황폐하게 한다는 것은 우리의 본성에 반하는 일이라는 뜻이다.

인간에 대한 관점과 삶의 방식이 잘못되었다면 불행을 자초하게 되어 있다. 우리가 아이를 보면서 자각해야 할 것이 바로 이것이다. 잘못된 것이 있다면 지금 바로 잡아야 한다. 놓친 것이 있다면 지금 바로 챙겨야 한다. 그냥 외면한 채 달려간다면 곧 나의 창조적 에너지는 고갈될 것이다. 그런 삶은 불행하다.

모든 문제의 답은 내 안에 있다. 진정한 나의 원형은 나의 내면에 자리하고 있다. 의식이든 무의식이든 그것은 내 안에 저장되어 있다.

나는 무엇을 진정으로 사랑했는가?

아이를 들여다보면 인간의 본성을 알 수 있다.

나는 무엇을 할 때 가장 즐거웠는가?

아이를 들여다보면 느낄 수 있다.

나는 잘할 수 있는 것은 무엇인가?

아이를 들여다보면 발견할 수 있다.

나는 누구와 함께 살고 싶은가?

아이를 들여다보면 만날 수 있다.

얼마나 쉬운가! 나의 원형이 있지 않은가! 아이가 내 안에 숨 쉬고 있지 않은가! 잊었던 나를 찾으면 진정 나를 사랑할 수 있다. 인간이 얼마나 사랑스러운 존재인지, 얼마나 창조적인 존재인지, 마음은 연약하지만 또 얼마나 적응에 강한 존재인지, 얼마나 서로 함께하기를 바라는 존재인지, 얼마나 자유를 사랑하는 존재인지, 얼마나 동정심이 많은 존재인지, 얼마나 잘 웃는지, 얼마나 잘 우는지, 그리고 인간이 얼마나 질서에 민감한지, 얼마나 인간의 존엄성에 대한 감각이 예민한지, 얼마나 영성이 깊은지, 얼마나 감흥을 잘하는지, 얼마나 아름다움을 사랑하는지. 우리는 아이를 보면서 인간, 나를 발견할 수 있다.

현대 사회는 모든 정보가 오픈되고 공유되는 시대이다. 삶에 깊숙이 침투한 SNS와 CCTV, 인공위성 등 첨단 네트워크 시스템은 우리의 일거수일투족을 다 기록하고 있다. 마치 발가벗겨진 것 같다. 그러나 거짓이 더 이상 설 곳이 없는 시대이기도 하다. 모두가 정보를 얻을 수 있고 정보를 송출할 수 있는 슈퍼 개인의 시대이기 때문이다. 단기적으로 속일 수는 있겠지만 오래 버틸 수가 없는 시대이다. 반면에 지구 한 귀퉁이에 있더라도 진정성 있는 사람들에게는 조명이 비추어지고 세상에 드러나는 시대이기도 하다. 한류가 주목받기 시작한 것도 이러한 디지털 문명의 이기 덕분이다. 투명하게 우주의 법칙에 따라 사는 사람이 진정한 성공을 하는 시대가 된 것이다. 이런 점에서 이 세상은 살만하다.

우리의 정신적 보물은 그 무엇보다 소중해질 것이다. 물질적 보물과는 비할 바가 못 된다. 만일 저마다 자신의 타고난 잠재력을 제대로 꽃피울 수 있다면 경제적인 문제와 사회적인 문제는 저절로 해결될 것이다. 인류가 영적인 자신을 충분히 발휘할 수 있을 때 인류는 보다 생산적인 존재가 될 것이기 때문이다. 우리가 바라는 평화와 행복은 이로써 이루어질 것이다. 아이들은 문제를 어떻게 평화롭게 해결할 수 있는지 어른들에게 보여주고 있다. 아이는 자연의 창조적 에너지를 따르며 어른들을 더욱 높은 차원으로 끌어 올린다. 그 차원에서 질서가 자연스럽게 찾아오면 우리의 삶의 질서가 우주적 질서에 맞닿았다는 사실을 알 수 있다. 성숙한 세계시민으로서 평화를 실현할 수 있다.

아이는 어른들을 고귀한 삶으로 이끄는 천부적인 선생이다.

아이는 인간존재가 갖고 태어난 본성적인 경향성을 그대로 보여준다.

경쟁은 우리의 영혼을 황폐하게 하며 이는 우리의 본성에 반하는 일이라는 뜻이다.

나는 무엇을 진정으로 사랑했는가? 아이를 들여다보면 인간의 본성을 알 수 있다.

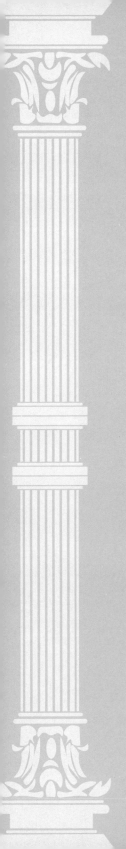

5

당신이
선생이다

나는 누구인가?

　나는 메신저이다. 달리 말하면, 사람들과 공감을 하고 조언과 지식을 제공하고 대가를 받는 사람이다. 각자 원하는 것을 찾고 성공적인 삶을 잘 살아갈 수 있도록 돕는 역할을 한다. 세상에 기여할 수 있는 '메시지'를 동영상, 블로그, 책, 상담, 세미나, 워크숍, 강연 등의 형식으로 제공하는 일을 한다. 브렌든 버처드의 『백만장자 메신저』에서 소개한 것처럼, 내가 하고 싶고 잘할 수 있고, 마땅히 해야 할 사명을 '메신저'라고 부른다는 것을 알았을 때 나의 진짜 이름을 찾은 것 같았다. 회사생활을 하면서도 나는 무엇인가 새롭게 알고 깨닫게 된 것을 사람들에게 전할 때 신나고 흥분되었다. 새로운 일을 기획하고 만드는 것을 좋아했고 더 개발하고 보완해서 완벽하게 만들고 싶어 했다. 하고 싶은 일을 마음껏 연구하고 기획하고 싶었다. 협력하지만 혼자서 할 수 있는 일, 끊임없이 고민하고 경험하면서 발견하게 된 메시지를 정리해서 사람들에게 전하는 일. 이것이 내가 가장 좋아하고 잘하는 일이다.

어머니는 가끔 나를 임신했을 때 꾸었던 태몽을 들려주시곤 한다. 커다란 두꺼비 꿈이었다. 붉은 산을 뒤로하고 떡 하니 중앙에 버티고 있는 모습이었다고 한다. 아들인가보다 생각했었다 한다. 그러면서 너는 무대에 설 사람이라고 하셨다. 어머니가 들려주는 태몽 이야기는 어렴풋하게 이미지로 그려지기만 했다. 그때까지 나는 내가 강의할 일이 있을 거라고는 생각지도 않았다. 학교 다닐 때도 얌전하고 조용한 아이였다. 반장선거 할 때 아이들이 뽑아 주었어도 나가서 딱히 할 말도 없는 내성적인 아이였다. 그런데 32세가 되던 어느 날 무대에 서서 강의를 하는 일이 시작되었다. '시작되었다.'라는 표현은 내가 의도하지 않았고 기대도 하지 않았다는 뜻이다.

미국에서 몬테소리 교육을 전공하고 한국에 돌아오면서 바로 무대가 마련되었다. 강의를 시작하게 된 것이다. 특별한 원고도 없고, 강사다운 매너도 배운 적이 없었다. 그러나 5시간이나 되는 일정에서 교육 내용을 전하는 데 별다른 어려움을 느끼지 못했다. 사실 첫 강의에 대한 기억도 없다. 그만큼 무대가 떨리거나 두렵지 않았다. 오히려 강의할 생각에 설레었고 하고 나면 뿌듯했다. 몬테소리 교육이 얼마나 훌륭한 교육인지 그 가치를 전하는 일이 보람 있었다. 강의를 하다 보니 점점 무대가 커졌다. 몇백 명이 되는 강의도 원고 없이 했었다. 그러나 이것이 재능이라고 느껴지지는 않았다.

나에게 메신저로서의 역량이 있다는 것을 느낀 것은 연구원들 강의연습을 돕게 되면서였다. 교육회사에서 사내 연구소를 운영할 때 사내교육을 했어야 했다. 강의할 연구원들의 강의 평가를 하게 되었는데 생각하지도 못했던 일이 생겼다. 강의를 위해 무대에 서는 것이 너무도 떨린다고 하는 연구원의 말이었다. 일도 야무지게 처리하고 말도 잘하는 연구원이었다. '이걸 왜 두렵다고 하지?', '이게 그렇게 떨리는 일인가?' 공감이 잘 안 되었다. 또 강의자는 강의원고를 작성해야 한다는 것도 알게 되었다. 원고를 어떻게 작성해야 하는지 찾아보고 매뉴얼을 부랴부랴 만들어 연구원들의 강의 연습을 도울 수 있었다. 이 일을 계기로 나에게 자연스러운 일이 남들에게는 어려울 수 있다는 것을 알았다. 또한, 남한테 자연스러운 일이 나한테 어려울 수 있다는 것도 말이다.

'외길인생'이 별명이었다. 한 가지에 꽂히면 그것을 완벽히 알고자 깊이 파고들었다. 앞뒤를 안 가리고 달려가는 성향이 있다는 것도 알았다. Feel을 중요하게 생각해서 첫인상이 마음에 들면 온전히 사람을 믿어버린다. 이상주의자라는 소리를 자주 들었다. 논리적으로 판단하고 분석해서 선택하기보다는 신념이나 가치관이 통할 때 사로잡히는 성향을 자각하게 되었다. 내성적으로 보이지만 사실 그렇지도 않았다. 확신이 서지 않을 때는 아무런 의욕도 없고 매사에 심드렁하지만, 확신이 드는 것에 대해서는 적극적으로 앞장서 나가고 어렵더라도 끝까지 포기하지 않는다.

내 기질의 장점에 대해 파악하고 나니 내가 잘 보였다. 가장 신나고 행복했던 때를 생각하니 내가 느껴졌다. 왜 회사생활이 답답했는지 이해가 되었다. 가장 잘할 수 있는 일은 전문가적인 조언과 안내를 할 수 있는 사람이라는 것. 가치 지향적인 사람이라는 것이 분명해졌다. 이러한 자기 정리를 하고 나니 사업가나 정치인, 또는 직장인은 맞지 않는다는 것을 알게 되었다. '메신저'가 나에게 가장 적합한 삶이라는 판단은 너무도 자연스러운 결론이었다.

이처럼 사람은 저마다 타고난 역량이 다르다. 역량이 다르다는 것은 타고난 에너지가 다르다는 뜻이다. 이는 자신이 세상에 태어난 이유를 찾기 위한 중요한 원료가 된다. '나는 누구인가?'를 안다는 것은 자신의 에너지에 집중하고 그 과정을 통해 나의 존재이유를 깨닫게 된다는 것이다. 나의 존재이유는 타고난 창조적 에너지를 긍정적으로 사용할 때 명확해진다. 나와 세상의 진보에 이바지하는 일을 통해 형상으로 드러난다. 세상은 기꺼이 시간과 공간을 내어준다. 나를 위한 시간과 공간은 나의 고유세계이다. 이 세계는 남과 다른 세계이며 비교할 수 없고 대체될 수 없다. 나를 차별화한다는 것은 남들보다 우위에 선다는 뜻이 아니다. 남과 다름으로 존재한다는 뜻이다. 이는 나를 나답게 살아갈 수 있게 하는 행복의 기본조건이다.

인간이 저마다의 역할을 다하여 우주의 창조적 놀이를 함께 즐길 수 있도록 하려는 것은 우주의 큰 그림이다. 이 그림을 위해 우주는 인간에게 창조적 에너지를 부여하였다. 나에게 부여된 창조적 에너지는 나를 빛나게 한다. 자유롭게 메시지를 전할 때의 충만함과 '나답다'고 느껴질 때의 행복 에너지로 가득 찬다. 이렇게 우주와 연결된 창조적 에너지는 우주적 설계 위에서 나만의 고유세계로 안내하는 선생 노릇을 한다. 이 선생이 없다면 나라는 존재는 끈 떨어진 연처럼 방향을 잃을 것이다. 나의 존재이유 따위는 상관도 하지 않는 무심한 바람에 이리저리 떠다니다가 사라질 것이다. 우주의 창조놀이터에서 퇴장당하는 것이다.

쇼펜하우어가 인간은 자기를 모르는 존재라고 정의했듯이 우리가 흔히 겪는 갈등과 고통의 배경에는 자신에 대한 무지가 있다. 자기 인생을 살면서도 정작 자기가 무엇을 좋아하고 무엇을 잘하는지 잘 모른다. 무엇을 싫어하고 어려워하는지도 말이다. 남들에 대해서는 관심도 많고 정치 이슈에 열을 올리며 논쟁을 벌이지만 정작 가장 중요한 자신에 대해서는 관찰하지 않는다. 이제 스스로 질문해야 할 때가 왔다. 그럴 수 있는 때가 왔다. 열심히 채워야 할 때가 아니라 차분히 정리할 때가 온 것이다.

당신은 누구인가? 무엇을 하고 싶은가? 그중에 하면 할수록 잘할 수 있고 의미 있는 것은 무엇인가? 그리고 누구와 함께하고 싶은가?

자신만의 고유 에너지

나에게 부여된 창조적 에너지는 나를 빛나게 한다.

자기 이해와 존재 이유

'나는 누구인가?'를 안다는 것은 자신의 에너지에 집중하고 그 과정을 통해 나의 존재 이유를 깨닫게 된다는 의미이다.

행복한 삶의 조건

나를 나답게 살아갈 수 있게 하는 것이 행복의 기본 조건이다.

내 안에 나 있다

어떻게 나를 찾을 것인가? 나를 어떻게 알아보고 나의 존재이유를 찾을 것인가? 대부분 사람은 나의 정체성을 찾으라고 하면 다른 사람들을 본다. 다른 사람들이 어떤 일을 하는지, 다른 사람들은 어떻게 생각하는지, 그리고 어떻게 반응하는지 궁금해한다. "요즘 트렌드는 뭐래? 어떤 직업이 뜬대? 사람들이 뭘 좋아한대?"를 끊임없이 질문한다. 인스타에 열심히 '좋아요'를 누르며, 조회 수가 대박 난 인스타그램의 릴스를 보며 그렇게 사는 것이 성공인 것처럼, 행복인 것처럼 생각한다. 잘 사는 것의 기준이 어느덧 나로부터 이탈되어 남에게로 건너간다. 이렇게 찾다 보면 어느새 허망해진다. 마치 열쇠를 잃어버린 곳을 두고 엉뚱한 곳에서 찾고 있는 것과 같다. 답은 내 안에 있다. 앞장에서 나는 메신저라고 소개했던 정체성은 나의 과거에 대한 성찰로부터 왔다. 40세이든, 50세이든 나를 찾으려면 내가 살아온 흔적을 다시 들여다보아야 한다. 과거의 합이 지금 나의 모습이기 때문이다.

인생은 나를 찾아가는 여정이라고 했듯이 자기를 아는 것은 누구에게나 인생 과제이다. 그래서 시간과 경험이 필요하다. 비싼 대가를 치르고 나서야 자신을 찾는 것이다. 나는 누구인가의 재료는 과거에 있다. 자신이 의식하든 의식하지 못하든 사람은 자신의 과거를 들여다볼 필요가 있다. 자신과 진실하게 마주하는 시간, 그 시간 속에 삶의 명제 '나는 누구인가?'에 대한 현답이 있기 때문이다.

그런데 성찰의 과정이 그리 녹록하지는 않다. 만나고 싶지 않은 시간에서의 사람, 사건을 통해 경험했던 가슴의 상처를 다시 건드려야 하는 경우도 있기 때문이다. 외면하고 싶어 무의식 깊은 곳에 숨겨놓았던 것도 있을 것이다. 그런데 분명히 할 것은 우리가 과거를 건드리는 것은 과거를 바꾸기 위해서가 아니다. 과거는 기억일 뿐 실제 존재하지 않는다. 그러나 과거에 교훈이 있기 때문에 그 도움을 얻자는 것이다. 과거에서 쓸 것은 바로 그것뿐이다.

사람들은 대개 과거를 후회하고 미래를 두려워하며 일생을 보낸다. 그러나 그 후회스러운 과거에도 의미가 있다. 그 의미를 찾게 되면 그 과거로부터 해방될 수 있다. 그 의미는 '나는 누구인가?'의 관점으로 그 사건과 감정을 들여다보는 것이다. 관점을 바꾸어 다시 들여다보면 과거의 역경이나 고통 안에 신의 은총이 들어 있음을 발견할 수 있다. 이러한 기법을 '의미요법'이라고 한다. 빅터 프랭클은 『죽음의 수용소에서』 책에서 이 기법을 설명했다. 그는 나치수용소의 경험을 통해 이렇게 말했다.

"인간에게서 모든 것을 빼앗으려 해도 빼앗을 수 없는 한 가지, 즉 인간의 마지막 자유는 어떤 상황에서도 자신의 태도를 선택할 수 있는 자유, 자신만의 길을 택할 수 있는 자유다."

우리에게 시련이 있을 때 그것을 회피한다고 빠져나올 수 있는가? 아니라고 반박하면서 분노한다고 그 문제가 해결되는가? 의미를 보지 못하고 감정에 빠진 상태라면 헤어나오기가 어렵다. 마치 늪처럼 자기연민에 빠져 제자리를 맴돌고 있는 나를 서서히 삼켜버릴 것이다. 우리가 그 문제를 극복하는 방법은 '나는 누구인가? 어떻게 살고 싶은가?'라는 대명제를 생각하며 의미를 부여하는 것이다. 이런 시선으로 과거를 직시하는 순간, 이성과 감정이 분리되면서 과거의 감정의 늪에서 스스로 걸어 나올 수 있게 된다.

그렇다면 '나는 누구인가?'라는 대명제를 찾는 작업을 어떻게 시작하면 좋을까? 이제 우리는 보다 실질적인 작업을 해보아야 한다. 삶을 살면서 겪는 경험의 반경과 질은 다 다르다 할지라도 누구에게나 크고 작은 성취나 실패, 기쁘거나 슬픈 일은 있게 마련이다. 그리고 이러한 일들은 나에게 어떤 의미를 주는 장면이다. 이것이 스냅샷이다. 이러한 스냅샷은 과거의 기록 중에서 인상에 남은 것이다. 이러한 스냅샷을 찾는 것이 첫 번째 작업이다. 그리고 장면을 떠올릴 때 그 경험에 반응했던 내가 있다. 그때의 나의 대응했던 방식을 떠올려 보자. 가슴이 두근거렸는지, 슬펐는지 떠올려 보는 것이다. 내가 잘했던 것, 내가 못했던 것, 내가 성취했던 것, 내가 실수했던 것이 있을 것이다. 또 마음에 남는 말도 있을 것이다. 나에게 힘이 되었던 말, 가슴이 아팠던 말. 화나게 했던 말들이 있을 것이다. 그 스냅샷을 떠올리면서, 아니면 사진이 있으면 들여다보면서 그 기억을 불러온다. 이때 드는 생각이나 감정을 종이에 써 본다. 한 단어라도 좋다. 일단 글로 옮겨 적는 것이 중요하다. 그 글자를 눈으로 보게 되면 나로부터 분리되어 실체로서 객관화되기 때문이다. 그러면서 그 단어는 실마리가 되어 나의 내면을 그대로 드러내기 시작한다.

만약 떠오르는 장면이 없다면 몸이 경직되어서 그럴 수 있다. 몸이 긴장을 풀어보자. 몸의 긴장을 푸는 것은 신경의학자 제임스 도티의 『닥터 도티의 삶을 바꾸는 마술가게』의 방식을 따라보자.

『닥터도티의 삶을 바꾸는 마술가게』에 나오는 이야기는 실화이다. 저자인 12세 어린 도티는 우연히 마술가게 루스 할머니로부터 마술을 배우게 된다. 그때 처음으로 가르쳐 준 것이 몸 근육의 긴장을 푸는 법이었다. 자신의 몸에 초점을 맞추면 우리는 자신의 몸의 구석구석을 잘 느낄 수가 있다. 그러면 몸이 무엇을 말하고 있는지 알아챌 수가 있다. 몸을 알아채는 순간 나의 마음이 그대로 반영되어 있다는 것을 알 수 있게 된다. 몸은 자기만의 언어를 가지고 있으며 나의 마음을 잘 알고 있다. 이 책에서 소개한 방법을 정리하면 다음과 같다.

< 몸의 긴장 풀기>
1. 방해받지 않을 공간과 시간 선택하기
   조용하고 방해받지 않는 환경을 찾아 긴장을 풀 준비를 한다.
2. 눈을 감고 깊게 호흡하기
   숨을 깊게 들이마시고 천천히 내쉬는 것을 3번 반복하며 몸과 마음을 차분히 가라앉힌다.

3. 자신의 자세 확인하기

현재 자신의 앉은 자세를 느끼고, 마치 스스로를 바라보는 듯한 상상을 해본다.

4. 발끝에서부터 긴장 풀기

발끝에 집중하며 긴장을 풀고, 호흡과 함께 두 발이 녹아 없어지는 느낌을 상상한다. 집중력이 흐려지면 다시 시작한다.

5. 하체 근육 이완하기

종아리와 허벅지의 근육에 집중하며 긴장을 천천히 풀어준다.

6. 몸의 중심 근육 이완하기

배와 가슴 근육의 긴장이 점차 풀리는 기분을 느껴본다.

7. 등과 목 근육 이완하기

척추를 따라 어깨와 목까지 근육을 이완하고, 마지막으로 얼굴과 두개골의 긴장도 푼다.

8. 평온한 느낌 음미하기

몸 전체가 긴장에서 해방된 느낌을 경험하며 평온함과 기분 좋은 상태에 집중한다.

9. 심장 근육 이완하기

심장에 초점을 맞추고 호흡을 조절하며 심장박동이 느려지는 것을 느낀다. 몸 전체가 따뜻한 기운으로 감싸이는 느낌을 상상한다.

10. 눈을 천천히 뜨고 존재를 느끼기

완전히 긴장에서 벗어난 몸 상태를 느끼며 천천히 눈을 뜨고 잠시 그대로 앉아 자신의 존재에 집중한다.

이렇게 몸의 긴장이 풀리면 겨우내 꽁꽁 얼어붙었던 시냇물이 녹아 졸졸 흐르는 것처럼 생각과 감정이 풀려나기 시작한다. 억제되었던 감정이 올라오면 그대로 놔둔다. 그냥 허용한다. 기뻤던 장면, 슬펐던 장면, 또는 성취나 실패의 장면들을 떠올려 본다. 잊고 있던 장면이 떠오를 수도 있다. 이것이 스냅샷이다. 스냅샷을 떠올리면서 어렴풋이 드는 생각과 감정들은 흐르는 시냇물 위에 떠다니기 시작한다.

　이제 흘러가는 시냇물 위에의 떠다니는 생각과 감정의 조각들을 건져 올려 노트에 펼쳐 볼 수 있게 된다. 그냥 그저 떠오르는 대로 하나씩 담담하게 적어본다. 그 생각과 감정들의 파편들은 하나둘씩 맞추어지면서 그때의 상황을 마치 연극무대처럼 3D로 펼쳐 보여 줄 것이다. 그럼 그 무대 위의 나를 관찰한다는 생각으로 정리되는 나의 생각과 감정을 기록해 보자. 그 연극이 비극이어서 눈물이 흐르면 잘 울기만 하면 된다. 화가 나면 울끈불끈 하면서 말이다. 그런데 눈물이나 분노는 10~20분 정도 지속되다가 점점 줄어든다. 또는 희극이어서 미소가 지어지면 그 마음 그대로 적는다.

　다음 단계로 이때 나는 어떻게 대응했는가? 를 생각해 보는 것이다. 극복했다면 어떻게 극복했는지, 아니면 좌절했다면 어떻게 좌절했는지 적어보는 과정 안에서 지난 삶의 연극무대에서 열심히 싸웠던 나를 만나게 된다. 그 기록들을 차분하게 다시 들여다보면 내가 보인다. 내가 무엇에 만족했고 무엇에 절망했는지, 무엇에 기뻐했고 무엇에 슬퍼했는지, 그렇게 감정이 기록으로 정리되면 이성이 힘을 가지게 된다. 그 이성은 예리한 눈으로 그 기록 안에서 나를 찾아내기 시작한다. '아~ 나는 이런 것을 할 때 잘

하는구나, 이런 것은 어려워하는구나, 이것을 할 때 신나는구나!' 하면서 자기와 마주할 수 있다. 자신의 강점과 결핍이 보인다. 마치 거울 앞에 선 나를 보는 듯하다.

이제 마지막 단계이다. 이제는 내가 좋아했던 것, 내가 잘하는 것을 찾는 것이다. 못하는 것, 실패한 것에 주목하지 않는다. 슬픔이나 고통은 무시한다. 대신에 내가 가슴 설레었던 장면, 기쁨에 충만했던 장면, 살아 있다고 느꼈을 때의 장면, 성취했을 때의 장면에 집중하는 것이다. 그때 나의 삶의 존재의미가 생긴다. '나는 이런 것을 좋아하고, 이럴 때 행복한 사람이구나! 나는 이렇게 살고 싶어 하는구나!' 비로소 나의 존재이유를 알게 된다. 내가 진정 바라고 원하는 것이 무엇인지 자각하게 된다. 삶이 의미 있고, 살아갈 가치가 있음을 느낀다. 희망이 솟는다. 니체가 말하는 삶에의 초긍정이 일어난다.

'나는 이런 사람이구나!' 하고 깨닫는 순간 삶의 주인공인 나의 배역을 제대로 찾은 것이다. 비로소 진짜 꿈을 향해 출발할 수 있게 준비된 것이다. 이제야 과거의 고통과 시련이 왜 있었는지 이유를 발견하게 된다. 나의 삶의 의미를 깨닫기 위한 하나의 수련 과정이었음을 이해하게 된다. 이러한 깨달음의 의식 차원은 근본적인 사고방식의 변화를 가져온다. 세상을 생각하는 방식이 변한다. 관계에 대한 이해가 달라진다. 관점이 바뀌니 보이지 않던 것이 보이고 들리지 않던 것이 들린다. 이제 과거의 고통과 시련은 더 이상 아픔이 아니다. 자기연민에서 벗어나고 억울함이나 분노가 힘을 잃기 시작한다. 나를 성장시키기 위해 우주가 설치한 장치였음을 이해한다. 이제 과거에서 자유롭다. 현재 살아 있음에 깊은 감사함이 피어난다. 어느새 삶은 새로운 차원으로 이동한다. 이러한 단 한 번의 경험이 매우 중요하다. 이 경험이 나를 찾는 여정으로 나아갈 수 있도록 용기가 되어주기 때문이다.

자신을 찾고 삶의 의미를 깨닫게 된 사람들은 다르다. 얼굴에서 빛이 난다. 어디에 있어도 언제나 자기답다. 자유롭지만 경계를 안다. 유쾌하지만 경망스럽지 않다. 진지하지만 심각하지 않다. 여유롭지만 책임을 다한다. 나뿐만이 아니라 세상을 챙긴다.

과거는 나를 찾는 재료이다. 그 안에서 의미 있는 스냅샷을 엮어 드러난 형상이 자기이다. 자기다움이 행복이다. 인생은 행복으로 실현하는 여정이다. 삶은 행복하다.

당신은 자기 존재의미를 스스로 찾을 수 있는 타고난 선생이다.

과거를 통한 자기 발견

과거의 합이 지금 나의 모습이다.

감정의 기록과 객관화

감정을 글자로 써서 눈으로 보게 되면 나로부터 분리되어 실체로서 객관화된다.

존재 의미와 희망

자신을 찾고 삶의 의미를 깨닫게 된 사람들은 얼굴에서 빛이 난다.

시소 위의 빛과 그림자

    공원 주차장에 한 어린아이가 있다. 그 어린아이는 2~3살 정도 되어 보이는 여자아이다. 아이의 엄마와 어른들의 웃는 소리가 들린다. 아이는 놀라서 도망가고 또 서서 뒤돌아보고 하는 것을 반복하고 있다. 무엇인가에 쫓기는 듯한 아이. 그 아이를 쫓고 있는 것은 바로 그 아이의 그림자였다. 아이는 그림자를 피해 달아나기 바빴다. '이쯤이면 사라졌겠지?'라며 뒤를 살피는 순간 영락없이 그림자는 바로 뒤에 따라붙어 있음을 발견하곤 한다. 자기 그림자를 무서워하는 아이, 그리고 그 모습이 재밌어 깔깔대는 어른들. 그 아이는 두려움으로 아빠 다리 뒤에 가서 숨으려 하지만 아무도 그 아이를 보듬어 안아주면서 "무서웠겠구나, 그랬겠구나.", 그리고 "괜찮다."라고 말해주지 않았다. "그림자는 너를 해치지 않는다.", "누구나 그림자가 있는 거야."라고 설명해주지 않았다. 대신 재밌어하며 영상을 찍어서 숏츠에 올리는 여유를 부리고 있었다.

여기서 아이에 대한 어른들의 태도에 대해서 말하려고 하는 것은 아니다. 긴 이야기가 될 것이기 때문이다. 다만, 우리가 여기서 간과하고 있는 것은 이 장면이 우리에게 주는 메시지이다. 어른들이 웃었던 그 아이와 그림자의 모습은 우리 어른들의 모습이라는 것이다. 우리는 모두 자신의 불편한 어두운 그림자를 가지고 산다. 아무리 도망가려 하지만 그림자는 우리가 커지는 만큼 똑같이 커진다. 나이가 드는 만큼 똑같이 길어진다. 이것은 표면적으로 보이는 그림자 같지만, 우리의 내면의 그림자다. 심리학자 칼 구스타프 융은 무의식 속에는 우리의 어두운 측면이 존재하는데 이것이 그림자라고 하였다. 이 그림자는 우리 자신의 일부이지만 스스로 거부하거나 억압해온 내면이다. 이 그림자의 재료는 자신에 대한 생각이나 감정, 개념을 스스로 억압한 것들이다.

우리가 의식하지 못하거나 아니면 의식적으로 외면해왔던 원인은 사회적으로 부정적으로 생각하는 것에 있다. 이는 인간사회가 경험이 쌓이고 지식이 쌓여 문명화가 진행되면서 생기는 것들이다. 신이 우리에게 부여한 온전한 특질 중에서 사회가 수용할 수 있는 것과 없는 것을 구분하기 시작하면서 생겨났다. 그러나 사회가 수용할 수 없는 특질이라고 하는 것이 사라지는 것이 아니므로 그것들은 인간 내면의 어두운 구석에 차곡차곡 쌓여 있다. 필연적으로 문명화된 사회에서 극명하게 나타나는 빛과 그림자이다. 이를 시소에 비유하는데 한쪽이 빛이라면 다른 한쪽은 그림자인 것이다. 그림자가 자아보다 더 많은 에너지를 쌓았을 경우에는 통제할 수 없다. 화가 치밀어 오르거나 무분별한 행동을 저지르게 된다. 때로는 우울증에 빠지기도 한다. 이때 시소 위의 삶은 위태롭게 흔들린다.

모든 자연은 음과 양의 조화로 이루어져 있듯이 인간에게도 음과 양이 있다. 여자가 있으면 남자가 있고 장점이 있으면 단점이 있다. 공격이 있으면 방어가 있다. 파워에너지가 있지만 동시에 포스에너지가 존재한다는 것이다. 이는 시소의 양 끝에 있는 것으로 언제든지 무게가 바뀔 수가 있다. 한쪽은 사회적으로 인정받고 문명사회에서 동의하고 있는 도덕적인 것이고 반대편의 것은 외면하거나 멸시하는 부분이다. 머리부터 신발까지 세련되고 깔끔하게 차려입었는데 자기 방은 거의 쓰레기장이라든지, 낮에는 정숙하고 교양을 찾는 여자가 밤에는 요부가 되어 섹스를 밝힌다든가, 술을 안 먹을 때는 말도 없고 매사에 겸손하고 수줍어하던 사람이 술만 먹으면 때려 부수며 난장판을 만들어 버리고, 술이 깨면 밤새 발로 차서 부서진 문을 고치며 숨어다닌 부인과 아이들에게 연신 미안해하며 양처럼 온순해지는 남자 같은 경우를 말한다.

우리가 살고 있는 사회는 사회가 정한 특정한 양식에 따라 행동할 것을 요구한다. 따라서 내 안의 특질 중에서 수용되는 것이 있는가 하면 그렇지 못하는 것이 있다. 수용된 것은 자아로, 수용되지 못한 것은 무의식 안에 그림자로 남는다. 이렇게 자기는 자아와 그림자로 분리되는 원인이 되었다.

〈블랙스완(Black Swan)〉 영화는 인간 내면의 빛과 그림자에 대해 잘 보여주고 있다. 순수하고 가녀린 백조 같은 착한 발레리나 니나. 어느 날 그녀에게 〈백조의 호수〉의 새 주인공이 될 수 있는 기회가 오게 된다. 이제 1인 2역의 순수하고 가녀린 백조뿐만 아니라 도발적이고 관능적인 흑조를 연기해야 한다. 그녀는 흑조 역을 완벽하고 해내고 싶은 욕망에 휩싸이면서 자신을 파괴할 것 같았던 그 어둠의 환영이 자기 자신의 내면에 존재하고 있는 욕망이었음을 깨닫게 된다. 고통스럽지만 자신의 그림자를 인식하고 인정함으로써 마침내 그녀는 완벽한 성공을 거두게 된다. 그녀는 백조뿐만 아니라 흑조의 연기도 완벽하게 해낸 것이다. "나는 완벽했어." 그녀의 마지막 대사이다. 양과 음이 둘이 아니고 하나임을 보여주는 순간 사람들은 그녀에게 매료당했으며 기립박수를 보낸다.

"새는 알에서 나오려고 투쟁한다. 알은 세계이다. 태어나려는 자는 하나의 세계를 깨뜨려야 한다. 비로소 그 새는 신에게로 날아간다. 신의 이름은 아브락사스이다."라고 했던 데미안을 떠올리게 하는 장면이다. 그렇게 그녀는 신에게로 날아가 새가 되었다.

나의 어두운 내면과 대면하고 이를 수용하여 잘 다루어줌으로써 양극은 비로소 하나의 온전함으로 존재하게 된다. 신이 우리에게 선사한 그 모습을 되찾게 되는 것이다. 그러나 내 안의 어두운 그림자를 인정하고 수용하는 것뿐만 아니라 그것을 잘 다루어준다는 것은 쉽지 않은 일이다. 왜냐하면, 우리의 의식이 문명화된 사회에 기준으로 심판의 잣대를 들이대고 있기 때문이다. 그렇다면 환영받지 못하는 어두운 그림자를 어떻게 해야 하는 것일까?

리추얼(ritual)이 필요하다. 리추얼은 의도를 가지고 하는 의식이다. 매일 아침 화장실 청소로 일과를 시작하는 여성 기업가가 있다. '매일 아침 화장실 청소하기'는 사장의 위치에 있는 그녀가 자신을 가장 낮출 수 있는 방법으로 선택한 행위이다. 그녀에게 '매일 아침 화장실 청소하기'는 리추얼이다. 그녀가 선택한 그 리추얼은 자신의 내면에 쌓이고 있을 그림자, 즉 사업을 하면서 생겼을 욕심, 경쟁심, 시기와 질투, 그로 인한 불안 같은 에너지를 정화시키는 역할을 했다. 그뿐만 아니라 성공을 하면서 생기는 자만심, 권위의식, 탐욕 같은 것들과도 마주하는 시간이었다.

시소 한끝에서 점점 커져가고 있을 그림자. 그녀는 자신의 그림자를 수용하고 인정했다. 스스로 용기를 내어 선택한 그 리추얼을 통해 점점 그림자는 시소의 중앙으로 이동하게 되고, 마침내 중앙의 지점에서 양 대극이 합일에 이르는 경험을 하는 것이다. 이로써 새로운 차원으로 이동된 그녀는 높은 차원의 파워풀한 창조적 에너지로 매 순간 우주와 즉각적으로 연결된다. 그리고 그녀의 성취를 돕기 위해 우주는 상황을 만든다. 우리가 '절묘하다'라고 느꼈던 순간들이 그녀의 삶에서 일어나는 것이다. 이것이 자신의 그림자를 대면하고 수용했던 그녀의 용기에 대한 우주의 보답이다.

그림자는 무섭고 두렵다. 그런데 괜찮다고, 누구에게나 그림자는 있는 거라고 나의 그림자를 인정하면 된다. 다만 나를 덮치지 않도록만 한다면 나를 해치지 않을 것이라고 자신에게 말해줄 용기가 필요할 뿐이다. 내 안의 빛뿐만 아니라 그림자 또한 나 자신의 일부라는 것을 받아들이는 용기 말이다.

그림자의 존재 인정

내 안의 빛뿐만 아니라 그림자 또한 나 자신의 일부라는 것을 받아들이는 용기가 필요하다.

나의 어두운 내면을 수용함으로써 양극은 비로소 하나의 온전함으로 존재
하게 된다.

리추얼은 자신의 내면에 쌓이고 있을 그림자를 정화시키는 역할을 한다.

지금의 선택이 곧 운명이 된다

우리는 매일매일 일어나는 일상사에서 수많은 선택을 하며 산다. 선택이 너무 많아 내가 무슨 선택을 하고 사는지조차 가물가물할 때도 많다. 그런데 가만히 잘 생각해 보면 그 선택들이 모여 나의 하루를 만든다는 것을 알 수 있다. 나는 생체리듬에 맞춰 저녁에 일찍 자고 아침에 일찍 일어나는 아침형 삶을 선택했다. 그래서 '아침 5시에 일어날 것인가 그냥 누워 더 잘 것인가?' 이때부터 선택은 시작된다. 아침 5시에 일어나면 고요한 나만의 시간을 갖게 된다. 뇌가 휴식을 취하고 난 상태라서 창의적인 생각을 하는 시간이라는 것도 뇌과학이 밝혀주었다. 책을 읽어도 잘 들어오고 연상작용도 잘 일어난다. 뉴런의 접속이 활발하게 일어나고 있는 것이다. 이렇게 아침 시간을 보내고 나면 하루의 가장 가성비 좋은 시간이었다는 것을 느낀다. 이 시간 동안 몰입해 책을 읽거나 글로 쓰다 보면 하루가 정리되고 삶이 정리된다. 명쾌한 하루의 시작을 할 수 있는 모든 준비가 된다.

하루는 바로 이 첫 선택에 달려 있다. 이렇게 아침기상에 대한 선택만으로도 하루는 완전히 달라진다. 그렇다고 선택을 할 때마다 매번 신중하게 고민하면서 한다는 것은 너무 고된 일이다. 피곤해서 지쳐버릴 것이다. 그래서 어떤 선택은 아무 생각 없이도 자동적으로 한다. 일어나서 이불 개고 이빨 닦고 세수하고 밥 먹는 것 같은 일이다. 이는 삶을 잘 유지하기 위해 습관이 된 것들이다. 습관이 되면 더는 고민하지 않아도 된다. 방향 없이 갈팡질팡하지 않아도 된다. 시간 낭비 없이 시간을 압축하는 방법이다. 제임스 클리어가 말하는 아주 작은 습관의 위대성이다.

우리의 선택은 내가 상황을 선택하는 경우도 있지만 내가 처한 상황에 대한 나의 반응을 선택해야 하는 경우가 많다. '어떻게 반응할 것인가?'의 문제이다. 이러한 선택의 기로에서 우리는 때때로 자신의 발등을 찍는 선택을 한다. 아닌 것을 알지만 이기적인 마음으로, 또는 '다들 그러는데' 변명하면서 쉽게 하는 선택은 얼마 가지 못해 후회로 남는다. 사회적으로 인정받고 인기 있는 연예인이나 정치인이 어이없는 선택으로 한순간에 나락으로 떨어지는 경우를 자주 볼 수 있는 것처럼 말이다.

현재의 나 그리고 미래의 나를 바꾸고 싶다면 언제나 지금이다. 인간은 타고난 운명은 있지만 확정된 운명은 없다. 지금 내가 내린 모든 결정이 나를 그곳으로 이끈다. 장폴 사르트르가 "인생은 B(Birth)와 D(Death) 사이의 C(Chance)이다."라고 한 것처럼, 우리는 태어나서 죽을 때까지 끊임없이 선택하며 그 선택에 의해 인생이 펼쳐진다. 선택이 곧 나의 운명이 된다.

선택을 잘하려면 자신만의 자기실현의 길을 정할 필요가 있다. 그 길이 정해지지 않으면 매번 어떻게 가야 할지 고민해야 하고 망설이게 된다. 쓸데없는 고민과 망설임은 '선택장애'라고 하는 이 시대의 웃지 못할 새로운 병을 만들었다. 선택장애는 타이밍을 놓치고 후회하는, 제3의 소극적 형태의 퇴행이다. 선택하지 않으면 아무 일도 일어나지 않는 것이 아니다. 앞으로 나아가지 못하고 그 자리에 머물러 있는 것이다. 그리고 그 자리에 머문다는 것은 곧 퇴행을 말한다. 세상은 항상 변화하기 때문이다. 이는 내가 정한 나만의 선택 기준이 없어서이다. 그 기준이 바로 서야 어이없는 선택으로 후회하지 않는 삶을 살 수 있다.

삶의 모든 장면에서 우리는 '왜'라는 질문을 해야 한다. '이 상황은 왜 나에게 주어졌을까?'를 생각하면 그 의미를 생각하게 된다. 오히려 이 절망 같은 순간이 상황을 역전시킬 수 있는 위대한 순간이 될 수 있다. 어떠한 경우에도 교훈이 있다. 나를 성숙하게 하는 재료가 된다. 그래서 삶은 살아볼 만한 것이다. '나는 메신저이다.', '나는 기타 치는 음유시인이다.'와 같이 자기실현상이 있다면 이 순간 꼴찌가 되어도 두렵지 않다. 왜냐하면, 어떻게 살아야 할지 알고, 자신의 세계를 완성할 파워 에너지를 가지고 있으므로 언제든 다시 시작할 수 있기 때문이다.

몬테소리 일상생활영역에서는 아이들에게 '선 따라 걷기'를 안내한다. 아이들은 조용한 음악을 들으며 교실에 그려진 큰 타원형을 따라 천천히 걷는다. 대개 선생님과 함께 걷게 된다. 역동적이고 충동적인 신체 활동 시기의 아이들이기 때문에 이렇게 천천히 선에 따라 걷는 것이 만만한 일은 아니다. 자신의 발끝을 쳐다보며 오른발 왼발의 뒤꿈치를 따라 밟아가는 동안 중심을 잃고 비틀거리거나 이탈되기 일쑤이다. 그럼에도 불구하고 순간적인 움직임에 대한 충동을 끌어다 발끝에 집중시켜 천천히 선을 따라 걷는 것이다. 아이는 그러면서 점차 차분해지기 시작한다. 전체적인 대근육의 밸런스를 유지하며 자신의 몸을 통제할 수 있는 힘을 기른다. 달려갈 수도 있지만 멈출 수도 있는 힘이다. 중심을 잃지 않고 이탈하지 않을 수 있는 힘이다.

우리는 알고 있지 않은가! 이 힘이 우리의 인생길에 얼마나 중요한지를. 달려야 할 때 달리지 못하고, 멈추어야 할 때 멈추지 못해 낭패를 본 경험이 얼마나 많은가! '선 따라 걷기'라는 이 활동이 주는 의미를 이제서야 진정 깨달을 수 있게 되었다.

선택하는 순간 변화는 시작된다. 그러나 선택이 꼭 무언가를 해야 하는 것은 아니다. 멈추어야 할 때 멈출 수 있는 것도 선택이다. 멈추는 것이 퇴행만을 의미하지는 않는다. 정신없이 달리던 생각의 고삐를 잡고 멈추어 세워야 할 때가 있다. 우리는 안다. 영혼이 따라올 수 있도록 기다려주는 것이 오히려 정상에 오르는 최단의 길이 될 수 있다는 것을 말이다. 밖에서 일어나는 일은 통제할 수 없다. 그러나 나의 내면에서 일어나는 일은 언제나 통제할 수 있다. 내가 원하는 삶을 정하고 실제로 나의 에너지만 바꾸면 강력한 영향력을 미칠 수 있다. 에너지가 바뀌면 인생이 바뀐다.

내가 지금 여기 이 자리에 있는 이유를 알 수 있는 자는 생생하게 살아 있는 자이다. 반면 그 이유를 모르는 자는 육체적으로 살아 있을지라도 관속에 누워 있는 자이다. 삶과 죽음이 갈리는 순간이 내가 죽음을 맞이했을 때만 있는 것이 아니다. 매 순간 나는 삶과 죽음이 갈리는 선택에 서 있다. 그 선택이 생명의 선택인지 죽음의 선택인지를 스스로 자각할 수 있어야 한다. 생명의 창조에너지를 따라 하는 선택은 나의 에너지를 더욱 고양시킬 것이다. 모든 것을 긍정의 상태로 변화시키며 나와 타인, 그리고 세상에 그 긍정의 에너지를 전파한다. 이는 곧 성공의 에너지이다. 반면에 매 순간의 선택에서 죽음의 선택을 하는 사람은 매 순간 부정적인 포스에너지로 떨어질 것이다. 스스로 자신의 생명을 부정하는 상태로서 자신의 정신과 몸뿐만 아니라 타인과 세상에 그 부정의 에너지를 전한다. 그래서 주변까지 고통스러워한다. 이는 실패의 에너지이다.

무심히 또는 의도적으로 욕망과 탐욕, 분노, 복수의 의도로 선택한다면 그 끝이 어디로 향할까? 우주는 선악의 판단을 하지 않기 때문에 선을 추구하는 에너지에 감흥하지만 악을 추구하는 에너지에도 힘을 실어준다. 모든 것을 선택하는 대로 에너지를 몰아주는 것이다. 즉 주파수가 같은 에너지끼리 모이게 된다. 유유상종(類類相從), 같은 무리끼리 서로 어울리는 것이다. 이러한 현상을 보면 왜 세상에 악이 존재하는지 이해할 수 있을 것이다. 그러나 결국 그 악업 때문에 우주의 창조놀이장에서 퇴장당할 때가 온다는 것도 우주의 법칙이다. 우주가 이해 가능하고 법칙을 따른다는 사실은 경탄할 만한 가치가 있다고 했던 아인슈타인의 말대로 우주는 공정하다. 뿌린 대로 거둔다. 따라서 옳은 선택을 하면서 남이 안 알아준다고 서운해할 것도 없다. 누가 보든 안 보든 선을 향한 나의 선택은 우주에 그대로 보존된다. 그대로 선업이 된다. 그리고 선업은 악업과 마찬가지고 반드시 대가를 받는다. 다시 한번 우주는 공정하다.

지금 하는 나의 선택대로 나의 운명이 된다.

지금 내가 내린 모든 결정이 나를 그곳으로 이끈다.

올바른 기준과 방향성

삶의 기준이 바로 서야 어이없는 선택으로 후회하지 않는 삶을 살 수 있다.

긍정적 에너지의 선택

생명의 창조 에너지를 따르는 선택은 나의 에너지를 더욱 고양시킨다.

나를 파괴하는 것들

"씨발 새끼야~" 지하철 문이 열리면서 내리던 한 남자의 날 선 욕설이 공기를 갈랐다. 기다리던 지하철이 막 도착한 참이었다. 화를 내고 있는 남자는 20대 후반 정도 되어 보였다. 그의 눈에는 살기가 서렸다. 입은 분노로 씰룩거렸다. 당장이라도 사달을 낼 것 같은 기세다. 순간 '분노조절장애'라는 단어가 떠올랐다. 그의 쌍욕이 향하는 곳에는 한 노년의 남자가 서 있었다. 그는 지하철 내리는 문 입구에 있는 기둥을 잡고 서 있었다. 70대 초반 정도 되어 보였다. 그는 황당한 다소 멍한 얼굴로 널찍하게 벌리고 서 있던 다리를 고쳐 모으고 있었다. 벌리고 서 있던 다리 때문에 내리다가 걸릴 뻔했던 것이다. 씩씩거리던 젊은 남자는 사람들 속으로 섞여 사라졌지만, 그의 살기 어린 욕설은 한동안 그곳에 머물러 사람들을 긴장하게 했다. 지하철 내부는 자리도 듬성듬성 나 있었다. 지하철 안에서 부딪힐 일도 없었을 것 같았다. 그런데 그렇게 화를 낼 상황이었을까? 욕을 하며 잡아먹을 기세로 노려볼 일이었나? 무엇이 그를 그토록 분노하게 만들었을까?

우리는 위험한 사회에 무방비로 노출되어 있다. 그 위험은 분노에 휩싸인 사람들이다. 역사 이래 인간의 문명과 문화가 최고로 발달한 현대사회, 인간의 지성이 최고 수준에 이른 요즘, 우리를 위협하는 위험신호는 의외로 분노조절장애이다. 조금만 거슬리면 바로 달려들어 쥐어뜯을 기세의 그 남자처럼 원인 모를 분노로 우리 사회는 흔들리고 있다. 지나가던 남녀의 다정한 모습이 행복해 보였다는 이유로 일면식도 없는 남자를 찔러 죽인 신림동 '묻지마 살인사건'이 일어났을 때 우리는 얼마나 경악했던가!

분노의 그림자 뒤에는 두려움이 깔려 있다. 도무지 내가 원하는 대로 되지 않는 세상, 그런 세상을 사는 것이 두렵기 때문이다. 아무리 노력해도 탈출구를 찾을 수 없다고 느낄 때 오는 무력감과 좌절감에서 오는 일종의 자포자기이다. 그래서 분노조절장애는 한 개인만의 문제가 아니라는 것도 우리는 잘 알고 있다.

어떻게 살아가야 할지 모르는 현대인들의 병은 심각하다. 현대인들이 심각한 병을 앓는 것은 자연스럽지 못한 문명이 그만큼 많아졌기 때문이다. 자신을 모르기 때문에 문제를 어디서 해결해야 할지도 모른다. 특히 온라인 세상에서 모든 것을 SNS로 소통하는 젊은 세대들에게는 더욱 심각하다. 카톡방에서 채팅하다가 갑자기 나의 톡을 '읽씹'한다고 하소연한다. 사람들이 갑자기 왜 그러는지 도통 알 수 없어 어떻게 해야 할지 모른다. 외롭고 고통스럽다. 그렇다고 만나서 대면하는 것은 더 불편하다. 지하철 젊은이의 분노, 참을 수 없이 터져 나오는 분노에 휩싸여버린 그를 보면서 현대 우리 모습의 단면을 보는 것 같아 두려웠다.

불교에서는 '탐진치(貪瞋癡)'라는 용어를 삼독(三毒)이라고도 불렀다. 인간의 마음을 괴롭게 하는 세 가지 주요한 번뇌를 의미한다. 첫 번째 탐은 탐욕(貪慾)이다. 이는 우리가 흔히 말하는 '욕심'이나 '탐욕'을 말한다. 무언가를 갖고 싶은 강렬한 욕망이나 바람으로 이 욕망은 종종 불만과 고통을 초래한다. 진은 진에(瞋恚)이다. '분노'나 '화'를 의미한다. 무언가를 두려워하거나 무서워하는 마음이다. 물론 싫어하는 마음도 진에에 속한다. 치는 우치(愚癡)이다. '어리석음'이나 '무지'를 말한다. 우리가 세상을 바라보는 방식에 대한 근본적인 오해나 착각을 의미한다. 종종 우리의 행동과 생각에 대한 잘못된 이해를 초래한다. 탐진치와 유사한 개념은 다른 종교와 철학에서도 찾아볼 수 있지만 각 종교와 철학마다 그 해석과 접근 방식이 다르다. 그러나 인간의 고통과 곤란을 초래하는 이러한 감정과 욕구를 극복하고 제어하는 것이 중요하다는 공통점을 가지고 있다.

우리는 자신의 탐진치 같은 부정적 포스에너지를 관리하는 방법을 알아야 한다. 이러한 부정적 포스에너지를 잘 관리해서 삶의 위기를 잘 통과할 때 자기창조를 할 수 있다. 자신과 타인을 받아들이고 이해하게 된다. 더이상 타인이나 자신을 비난하는 일에 빠질 이유가 없어진다. 감정적 위기를 해결하면 더 큰 지혜를 얻게 되며, 그 지혜는 평생 이익이 된다.

이 세상을 살아가는데 고통은 행복을 위해 신이 만들어놓은 통과의례이다. 우리의 삶에 필수적이다. 고통 없는 삶은 없다. 그렇다면 고통에 대한 태도를 바꾸어 보는 것은 어떨까? '호르메시스(Hormesis) 효과'라는 용어가 있다. 호르메시스라는 어휘 'Hormesis'는 그리스어로 '자극한다' 혹은 '촉진한다라는 뜻으로, 미량의 독소나 스트레스가 오히려 생물과 인간의 성장에 도움을 주는 보편적인 생리현상을 가리킨다. 이를 활용한 예가 예방주사이다. 소량의 병원균에 미리 노출시켜 저항할 수 있는 힘을 기르는 원리이다. 어쩌면 우리가 겪는 고통은 우리를 더욱 강한 존재로 살 수 있도록 돕기 위한 인생의 예방주사라고 할 수 있다. "나를 죽이지 않는 것은 나를 더 강하게 한다."라는 철학자 니체의 말처럼 고통은 나 스스로 알고 있던 자신보다 훨씬 강한 존재임을 깨닫고 더 성숙할 수 있는 계기가 될 수 있다.

누구에게나 자신의 감정은 아무런 잘못이 없다. 그냥 감정은 감정일 뿐이다. 감정을 판단하고 분별을 하면 마음이 기능장애를 일으켜 의식이 산만해진다. 그대로 음미하고 감상하면 된다. 감정을 알아채면 된다. '아~ 지금 내가 화가 났구나. 이것은 엄마가 나를 무시한다고 생각한 것에 대해 느끼는 나의 분노이구나.' 이렇게 알아챌 수만 있으면 된다. 그렇게 알아채는 순간 분노를 통제할 여력이 생긴다. 몸 깊은 곳부터 올라오는 몸의 열기와 치켜 올라가는 눈꼬리, 붉어져 오는 얼굴 색등을 스스로 관찰하는 순간 몸의 긴장을 풀고 이완시킬 수 있게 된다. 이렇게 자신의 감정을 통제할 수 있게 되며 그때서야 이 상황에 대해 올바른 선택을 할 수 있게 된다.

우리가 마음을 다스리기 위해서는 이러한 이완과 통제의 과정을 거쳐야 한다. 이완을 위한 방법은 많다. 대표적으로 명상이다. 명상을 몸으로 하는 것이 요가이다. 걷기이다. 또한, 만다라나 차분한 음악, 때로는 차 한 잔이 될 수도 있다. 익숙한 환경에서 벗어나는 것도 좋다. 카페나 공원도 좋다. 가벼운 여행이면 더 좋다. 온전히 나와 마주하는 시간을 가져보는 것이다. 삶이 끈끈이를 발라 놓은 것처럼 질척거릴 때 재래시장에 가는 것도 권한다. 거기에 가면 삶의 생기를 얻게 된다. 다시 살아야 하겠다는 에너지가 충전된다. 삶의 현장에서 주는 생의 에너지이다. 이렇게 이완하는 시간을 통해 자신을 통제하는 힘을 경험하기 시작하면서 나의 삶의 통제권을 가질 수 있게 된다. 나의 삶의 통제권을 내가 갖는 순간 나는 타인이나 세상과 건강한 관계를 맺을 준비가 된다.

삶을 겁내는 것은 감정을 겁내는 것이다. 우리가 두려워하는 것은 사건이 아니라 사건에 대한 자신의 감정이다. 비교하고 경쟁하고 질투하고 분노하는 것은 미성숙한 인간들끼리 하는 짓이다. 탐진치는 인간이 지어내는 망상이다. 감정은 아무 실체가 없다. 감정을 정복하면 삶에 대한 두려움이 줄어든다. 자신감이 커져 기꺼이 모험을 한다. 감정으로 인한 결과가 무엇이든 해결할 수 있다고 느끼기 때문이다. 당연히 분노가 사라진다. 두려움은 모든 주저함을 낳는 근원이어서 두려움을 정복하면 오히려 어려움은 성장의 기회가 된다. 인생의 걸림돌이 제거되면서 인생의 행로가 뚫린다.

두려움을 정복하고 앞으로 나아가는 당신이 선생이다.

분노와 두려움의 관계

분노의 그림자 뒤에는 두려움이 깔려 있다.

고통의 성장 효과

고통은 스스로 알고 있던 자신보다 훨씬 강한 존재임을 깨닫고 더 성숙할 수 있는 계기가 될 수 있다.

감정을 통제할 수 있게 되면 그때서야 이 상황에 대해 올바른 선택을 할 수 있게 된다.

마음은 모든 것을 창조한다

삶을 잘 살기 위해서는 자신을 잘 알아야 한다. 자신을 잘 아는 사람이 다른 사람도 이해할 수 있다. 다른 사람을 잘 이해하는 사람이어야 세상도 챙길 수가 있다. 세상으로 통하는 유일한 통로는 나이다. 우리는 스스로를 바로 아는 과제부터 풀어야 한다. 나의 과제가 풀려야 세상과의 과제도 풀 수 있다. 나의 문제는 곧 세상의 문제이자 우주의 문제이기 때문이다. 결국, 세상을 열 수 있는 비밀의 열쇠는 오직 나에게 있다. 우리는 누구나 위대한 창조놀이를 할 수 있는 무기를 다 장착하고 태어났다. 그 무기를 통해 우주의 창조놀이를 닮아 지상의 창조놀이를 할 수 있다.

세계적인 역사학자 유발 하라리 교수는 AI 시대의 생존 능력으로 감정적 공감, 소통 능력 그리고 회복 탄력성을 꼽았다. 감정적 공감이라고 하면 감정 분야이다. 소통 능력은 생각을 교류하는 것이며, 회복 탄력성은 꺾이지 않는 열정과 의지로 설명할 수 있다.

그런데 우리에겐 이 세 가지 능력을 관장하는 영역이 있다. 바로 인간의 마음이다. 마음은 사람이 다른 사람이나 사물에 대해서 감정이나 의지, 생각 따위를 느끼거나 일으키는 작용이나 태도이다. 마음은 감정이나 의지, 생각이 복합적으로 작용을 하면서 나의 현실을 창조하는 창조 도구다. 마음은 인간존재의 정수로서 삶의 모든 부분을 관장하고 있다. 마음을 정확히 알고 잘 쓸 줄 알아야 나의 마음의 주인이 될 수 있다. 내가 바라는 나의 모습을 창조할 수 있다.

마음은 지(知) 정(情) 의(意)라는 정신 작용으로 설명할 수 있다. 먼저 지(知)는 앎이다. 감각을 통해 인식하고 생각하며 추론하는 마음의 작용이다. 감각을 통해서 전달된 정보가 대내 중추 신경에 전달되어서 대상을 인식하는 작용이다. 지식, 지능이라고도 한다. 정(情)은 느낌이다. 우리가 말하는 감정으로서 모든 인간의 희로애락(喜怒哀樂)의 마음 작용이다. 상황에 대한 반응은 자율 신경망과 연결되어서 반응을 일으키기 때문에 실제 감정이나 반응을 조절하는 것이 쉽지는 않다. 객관적이거나 이성적이기보다는 매우 주관적이고 이기적이기 때문이다. 이는 정서나 감성이다. 마지막으로 의(意)는 뜻이다. 자기가 원하는 대로 갖거나 하겠다고 뜻을 세우고 의도한 대로 추진하는 마음의 작용이다. "어떤 일을 하려고 마음먹었어."라고 표현할 때가 바로 이러한 예이다. 비전이나 목표를 세우고 결의하여 성취하겠다는 뜻으로의 인간의 의지를 말한다. 의지 또는 의도이다.

이렇게 마음의 본심은 하나이지만 세 가지 작용으로 일어난다. 하나이면서 셋이고 셋이면서 하나이다. 지는 참을 지향하는 창조에너지이고 정은 느낌의 에너지로 사랑과 기쁨이다. 의는 뜻으로 선한 신념의 에너지이다. 생각을 모으면 의도가 되고 감동을 받으면 의도가 생긴다. 무엇을 하고자 하는 마음, 되고자 하는 마음, 그것을 이루겠다고 꾀하는 마음이 의도이다. 지, 정, 의, 이 세 가지 정신 작용을 잘 파악하여서 사용하면 내가 원하는 가치와 행복을 현실로 구현할 수 있다. 인간이면 누구나 현실을 창조할 수 있는 도구를 장착하고 태어났다.

따라서 누구나 마음을 먹고 생각하는 대로 실행하면 현실이 되는 것이다. 마음의 연금술이 현실에서 펼쳐지는 것이다. 우리가 마음을 공부하는 이유는 내가 의도하는 대로 현실을 경험하고 인생을 사랑하며 행복한 창조놀이를 즐기기 위함이다. 건강한 삶을 위해 조깅을 하겠다고 생각했다면 기꺼이 매일 아침 몸을 일으켜 운동화를 챙겨 신고 공원으로 나가 뛰면 된다. 마음과 몸이 상쾌하고 성취감을 느끼니 삶이 즐거워진다. 이처럼 생각과 말, 감정, 그리고 행동이 일치되도록 하는 것이 마음 경영의 원칙이다.

인간의 마음이 우주와 소통할 때 인간의 마음은 신이 된다. 마음이 즐거우면 우리는 신이 난다. 마음이 곧 신이고 신이 곧 마음이다. 마음이 생각하는 대로 현실이 된다. 부를 생각하면 부가 쌓이고, 빚을 생각하면 빚이 쌓인다. 선을 생각하면 선이 쌓이고 악을 생각하면 악이 쌓인다. 마음의 의식 작용을 잘 관찰하여 알아차리고 나와 세상을 의식하는 것이 중요하다. 마음의 진원지를 잘 파악하고 근원자이자 주체자로서 이 법칙을 알아차리고 잘 챙기면 풍요롭고 행복한 삶을 살 수 있다.

그러나 마음의 작용을 제대로 관찰하고 관리하는 것은 결코 쉬운 일이 아니다. 인생에서 비롯되는 모든 갈등이나 실패 같은 고통은 마음을 잘 다루지 못해서 생긴다. 마음에 어떤 에너지를 채울지 내적으로 관리해야 한다. 아무리 사회에 이바지하고 싶어도 내가 준비되지 않으면 안 된다. 빈 컵에 물이 다 채워져야 흘러넘친다. 내가 미처 채워지지도 않았는데 무엇으로 영향력을 발휘할 수 있겠는가? 나의 창조적 에너지가 마음에 충만하게 가득 채워졌을 때 자신도 모르게 타인에게 좋은 에너지로 영향을 미칠 수 있다.

몸은 아무런 좋고 나쁨이 없다. 마음을 담고 마음이 시키는 대로 순종하며 실행할 뿐이다. 그래서 마음이 아프면 몸도 아프고 마음이 긴장하면 몸이 긴장하는 것이다. 우리가 마음을 잘 관찰하여 잘 챙기면 지혜와 사랑, 성공과 행복을 창조하고 경험할 수 있다. 그러나 이를 잘 관리하지 못하면 무지와 미움, 실패와 불행의 삶을 경험할 수밖에 없다. 화엄경에서는 말하는 일체유심조(一切唯心造)의 원리이다. 인간의 마음이 모든 것을 만든다.

인간은 마음이라는 창조의 도구를 지니고 태어난 놀라운 존재이다. 바라고 원하는 대로 말하고 감정을 충만하게 하며 의도를 세워 실천하면 현실로 창조된다. 풍요롭고 행복한 삶을 원하는가? 당신의 마음을 잘 관리하면 된다. 생각과 말, 감정과 행동을 일치시키면 된다. 이것이 마음의 연금술이다.

당신은 원하는 대로 현실을 창조할 수 있는 능력 있는 선생이다.

인간의 창조의 도구

마음은 감정과 생각을 통해 현실을 창조하는 강력한 도구이다.

마음 경영

생각, 말, 감정, 행동을 일치시키면 원하는 삶을 창조할 수 있다.

마음의 연금술

마음의 에너지를 어떻게 쓰느냐에 따라 행복과 불행이 결정된다.

나의 다비드상을 조각하라

이탈리아 피렌체에 가면 아름다운 다비드상이 있다. 다비드상은 5.49미터 높이에 무게가 7톤이 넘는 거대한 대리석 조각작품이다. 보통 자동차의 무게가 1톤이라고 한다면 7대의 무게이다. 완벽한 조화와 균형미를 갖춘 다비드상은 이탈리아의 천재적인 예술가 미켈란젤로의 조각작품이다. 근육과 핏줄까지 섬세하게 묘사하여 다비드의 젊고 강인한 모습을 생생하게 표현해낸 르네상스 예술의 대표작이다.

미켈란젤로는 어떻게 그 엄청난 크기의 대리석 덩어리를 가지고 골리앗을 물리친 목동 다비드를 그렇게 아름다운 청년으로 조각해 낼 수 있었을까? 미켈란젤로의 조각방식은 남달랐다. 다른 조각가들은 끌과 쇠망치로 사방으로 대리석을 깎아내어 조각했지만, 그는 더 어려운 방식을 택했다. 한쪽 면만을 파내면서 조각했다. 큰 대리석 덩어리 속에 조각하려는 대상 '다비드'가 갇혀 있다고 생각했다. 다비드를 구속하고 있는 나머지 부위만 떼어내면 다비드가 나온다는 믿음이다. 그는 실제 어떻게 그런 걸작을 만들어 냈냐는 질문에 이렇게 말했다. "다비드는 이미 그곳에 있었어요. 나는 그저 대리석에서 다비드가 아닌 것들을 제거하기만 하면 되었죠." 어떠한 가? 미켈란젤로는 이미 창조자였다. 자신의 영성을 믿고 덧씌워진 것들을 과감하게 걷어내었다. 그리고 마침내 세계적인 창작물, 다비드를 탄생시킨 것이다.

인간이라는 존재는 저마다 위대한 잠재력을 가지고 태어난 영성적인 존재이다. 수십 년 동안 아이들을 관찰하고 수업을 해오면서 이를 느낄 수 있었다. 감수성이 예민하고 스스로 자립하려는 의지가 대단하다. 우리가 가장 많이 듣는 아이의 말이 "내가! 내가!"이었지 않던가! 아이는 모든 것을 스스로 하려고 하고 한시도 쉬지 않고 활동한다. 아이의 활동은 자신을 건설하는 건축작업이 된다. 더 놀라운 것은 처음에 태어날 때는 우는 것밖에 할 줄 몰랐다는 것이다. 그러던 아이가 걷고 뛴다. 문법에 맞춰 말을 하고 글을 쓴다. 엄마, 아빠를 사랑하고 심지어 어른을 위로한다. 환경을 탐험하며 속성을 파악한다. 그렇게 자신과 세상을 연결하고 주체적인 존재로 성장한다.

아이는 곧 우리 인간존재의 원형이다. 우리는 모두 내 안에 이런 아이를 가지고 있다. 자신의 무의식을 들여다보고 현재의 나를 인식하면 자기가 보인다. 자기가 진정으로 원하는 자기실현의 그림을 그릴 수 있게 된다. 우리도 저마다 천재이다. 이제 미켈란젤로가 되어 나의 다비드상을 구속하고 있는 쓸데없는 부위를 떼어내면 된다. 사회적인 조건과 스스로 설정한 한계 따위를 벗겨내면 된다. 우리는 모두 자신만의 다비드상이 있다는 것을 믿어야 한다. 자신에 대한 근본신뢰가 있어야 한다. 그리고 호기심 어린 눈으로 자신을 관찰하고 탐구해야 한다. 우리는 누구나 신의 은총을 받아 저마다의 존재이유를 가지고 태어난 귀한 생명이기 때문이다.

다비드상이 생명력을 갖게 되는 마지막 단계는 가슴에 자신만의 희망의 별을 심는 것이다. 그 별이 삶의 모든 영역에서의 의미와 가치로 작용한다. 나만의 의미와 가치가 삶에 투영되면서 기존의 것들도 새롭게 되살아난다. 이때 비로소 가슴속에서 희망의 별이 돌기 시작한다. 우리가 고통과 실패의 시간을 털고 다시 일어설 수 있는 이유도 내 가슴이 희망으로 가득 차 있기 때문이다. 희망은 포기하고 싶은 순간에도 "그래! 다시 시작하자!"라며 의지를 세울 수 있는 용기의 에너지가 되어준다. 희망의 별이 가슴에 박힐 때 나는 비로소 특별해진다. 순수하게 빛나는 나의 다비드상이 생생하게 드러나게 된다. 나만의 다비드상은 그렇게 탄생한다.

이 희망의 별은 혼자 존재하지 않는다. 주위에 함께 도는 위성, 즉 작은 별들이 있다. 큰 희망의 별을 향해 가는 여정에서 이 작은 별들이 하나씩 빛을 발하며 작은 성취들을 안겨준다. 이 성취는 나에게 파워에너지를 공급한다. 큰 희망의 별을 향해 가는 긴 여정을 포기하지 않도록 돕는다.

내가 살고 싶은 나의 모습, 나의 다비드상 찾기를 포기하지 않는 한 반드시 거기에 존재해 있다. 만약 포기한다면 창조적 생명 에너지인 다비드상은 현실로 드러나지 못한 채 대리석 덩어리 속에서 영원히 잠들게 될 것이다. 왜냐하면, 창조적 생명의 에너지는 보이지 않는 힘으로써 잠재력이며 가능성이기 때문이다. 보이지 않는 힘은 인간의 의식과 의지를 사용해서 행동하고 충만한 감정으로 맞이해야 비로소 형상으로 그 모습을 드러내게 된다.

이제 우리는 적어도 100년을 넘게 사는 시대를 맞이했다. 오래 살 각오를 해야 한다. 이제 본질적인 나를 만났다면 이제부터 나한테 투자해야 한다. 시간을 투자하고 열정을 투자하고 돈을 투자해야 한다. 삶의 주체는 나이다. 내가 중심에 바로 서야 가족도 바로 선다. 나에게는 그럴 만한 창조적 에너지가 있으며 그 창조적 에너지는 한계가 없다. 지금의 출발은 20대의 출발과 다르다. 그 수준이 다르며 질이 다르다. 새로운 차원에서의 새로운 조합을 시작할 수 있다. 이는 자신의 지식과 경험, 숙달된 기능, 태도, 열정을 모으고 영성으로 버무려 자신만의 창작물을 만드는 과정이다. 자신을 믿으면 된다. 그 근본신뢰가 나를 다비드상으로 만들어 줄 것이다. 나의 다비드상의 존재를 믿는가? 미켈란젤로의 믿음을 잊지 마라. 나의 천재성을 잊지 마라.

우리는 인생의 선생으로 '일, 사랑, 가족, 아이'를 삼았다. 이 선생들을 통해 우리는 삶의 가장 중요한 기본적이고 보편적인 원리에 대해 알아보았다. 이제는 자신의 자기실현상을 검토하여야 한다. '보편적인 가치가 있는가? 내 삶의 목적이 나뿐만 아니라 다른 사람들에게도 살기 좋은 세상으로 만드는 것인가? 이 세상을 더 아름답게 행복하게 만드는 것인가?'를 따져 물어야 한다. 이를 충족할 때 당신은 선생이 된다. 아름다운 다비드상처럼 당신이 무엇을 하든 사람들은 당신에게 동의하고 지지할 것이다.

지금 자신의 정체성을 재구성할 수 있는 창조적 생명 에너지는 바로 당신이다. 출생부터 지금까지 습득한 지식과 경험을 통해 체화된 영성적 존재이다. 자신의 존재의미를 재구성하고 100년의 삶을 위한 방향을 정하는 때인 것이다.

자! 이제 자신의 다비드상을 조각하는 당신이 선생이다.

내재된 나

내 안의 쓸모없는 것들을 버릴 때 진정한 나의 모습이 드러난다.

희망의 에너지

희망의 별이 가슴에 박힐 때 나는 비로소 특별해진다.

자기실현의 힘

자신의 정체성을 재구성할 수 있는 창조적 생명 에너지는 바로 나이다.

오늘이 아름다우면 인생이 아름답다

하루는 인생과 닮아 있다. 자연의 강이나 구름, 나뭇잎이 부분과 전체가 닮아 있는 원리이다. 이를 프랙털이라고 한다. 부분을 보면 전체를 알 수 있다. 우주 만물의 생성 원리이다. 인생에 탄생과 죽음이 있듯이 하루도 탄생과 죽음이 있다. 우리는 매일 아침에 눈을 뜨고 저녁이 되면 눈을 감는다. 매일 태어나고 매일 죽는 것이다. 하루가 인생이다. 인생을 잘 살고 싶으면 하루를 잘 살면 된다. 매일 성공하면 인생이 성공한다. 매일 행복하면 인생이 행복하다.

니체는 이렇게 질문한다. "그대에게는 무엇이 매일매일의 역사인가?" 내일 죽을 것처럼 오늘을 사랑하라는 니체의 메시지는 우리의 가슴을 뛰게 한다. 당신의 하루는 어떠한가? 나중에 할 일이라고 미뤄둔 것은 없는가? 오늘 사과할 일을 모른 체하고 있지는 않은가? 오늘 감사할 일을 그냥 넘기고 있지는 않은가? 오늘 죽는다면 후회될 일이 얼마나 많겠는가! 하루를 충만하고 행복하게 사는 일은 가장 단순하면서도 명쾌한 선택이다. 인생이 그런 것처럼 오늘은 다시 돌아오지 않는다. 내일은 또 다른 날이다. 그리고 그 또한 한 번만 온다. 따라서 과거에 대한 불만이나 미래에 대한 불안으로 현재의 행복을 밀어내지 말자! 밀려난 행복은 다시 돌아오지 않는다.

인간은 하루에 6만 가지 생각을 하고 산다고 한다. 그리고 그의 75%는 부정적인 생각이다. 어제와 같은 생각의 반복이다. 너무 많은 생각을 하고 너무 많은 계획을 세우고 산다. 생각이 많을수록 몸은 경직되고 일은 복잡해진다. 논리를 세우고 정확하게 앞뒤를 재고 따질수록 미래는 모호해진다. 생각에 갇혀 스스로를 한계 짓는다. 계획에 매이고 시간에 쫓긴다.

그렇다면 하루를 잘 살기 위해 어떻게 하면 좋을까? 하루관리의 핵심은 자신의 생각과 말, 감정, 행동 관리, 즉 자기관리이다. 자기관리는 의미부여부터 시작한다. 왜 하루관리를 하는지, 어떻게 하루를 보내고 싶은지에 대한 명확한 기준이 정해져야 한다. 이는 내가 살고 싶은 모습, 자기실현상에 근거한다. 이렇게 의미가 명확하게 인식되면 원하는 하루를 만들기 위한 환경을 세팅할 수 있다.

보이는 물리적 환경부터 시작한다. 새로운 습관을 만들기 위해 필요 없는 것은 버린다. 습관형성을 위한 동선을 고려하여 물건을 재배치한다. 깨끗이 청소한다. 이것만 되어도 반은 된 것이다.

다음은 보이지 않는 환경을 세팅한다. 공간과 시간을 재배치하는 것이다. 장치를 마련하여 나를 세팅하는 것이다. 예를 들어 책 읽는 습관을 만들기 위해 독서클럽에 가입한다든지, 운동 습관을 들이기 위해 헬스센터에 등록한다든지 하는 것이다. 공개선언을 하거나 챌린지 같은 단기 프로젝트에서 SNS에 인증하는 것도 방법이다. 환경을 세팅하면 습관을 만드는 것이 훨씬 수월해진다.

이제 작은 습관을 잡는 것부터 시작하면 된다. 습관은 곧 나이다. 매 순간 의도적으로 행동하고 선택하려면 많은 에너지가 든다. 그러나 습관이 되면 잊게 된다. 숨 쉬는 것처럼 의식하지 않아도 자동으로 하게 되기 때문에 힘이 안 든다. 이렇게 형성된 습관은 나를 구성한다. 그런데 여기서 중요한 것은 버리고 싶은 습관에 주목하지 말아야 한다는 것이다. 나쁜 습관 대신 좋은 습관을 만들면 된다. 예를 들어, 담배를 끊어야 되겠다고 결심했다고 하자. 금연하는 방법을 찾아보기 시작하는 순간부터 '담배'라는 키워드에 더 집중하게 된다. 담배 생각이 더 난다. 담배만 보인다. 담배를 줄여가야지 하는 생각이나 담배를 끊을 생각하지 말고 그 시간에 무엇을 할 것인지를 생각하면 된다. 새로운 습관은 낡은 습관을 대체한다. 담배라는 생각은 저절로 사라진다.

하루를 어떻게 시작하고 마무리할지 루틴을 잡는 것은 중요하다. 루틴은 리추얼이다. 리추얼은 습관을 들이기 위한 의도된 노력이므로 이러한 루틴은 나의 삶을 더 나은 쪽으로 바꾸기 위해 행동해 나가는 것이다. 인생이라는 항로에서 기관사가 방향키를 1도만 방향을 틀어도 그 인생의 종착지는 달라진다. 오늘 지금, 이 순간의 선택이 그렇다. 오늘 하루가 그렇다. 오늘 하루가 예정된 인생경로를 확정한다.

나는 지금 어디로 향하고 있는지 점검하고 그 방향을 조정하는 시간이 명상이고 글쓰기이다. 나의 경우 아침마다 나 자신의 의식과 무의식을 들여다보며 느껴지는 것들을 글로 옮겨나가는 시간을 가지고 있다. 명상은 자기를 채굴하는 작업이며 글쓰기는 이 원석을 깎고 다듬어 보석으로 만드는 과정이다. 나에게 글쓰기는 그런 시간이다. 파올로 코엘료의『연금술사』에 등장하는 보석 채굴꾼의 우화처럼 매일매일 내 안의 원석을 채굴하고 깎고 다듬기 위한 시간을 갖는다. 나만의 보석과 만나는 시간이 가까워지는 것이다. 포기만 하지 않는다면 말이다.

매일 아침에 하는 루틴은 무엇인가? 하루를 마무리하는 루틴은 무엇인가? 이것부터 시작하는 것이 자기관리의 시작이며 하루 에너지 관리의 핵심이다.

사람마다 자기실현의 모습이 다 다를 것이다. 어떤 삶을 살 것인지는 자기만이 선택할 수 있는 일이다. 오늘 하루를 어떻게 시작하고 어떻게 마무리할지 루틴을 정하는 것은 각자의 삶에 대한 가치관에 따라 다른 모습일 수 있다. 자기에게 맞는 하루의 루틴을 찾아가는 것이 중요하다. 나의 생각과 말, 감정, 그리고 행동으로 이루어지는 나의 하루를 관리하지 못한다면 원하는 삶의 모습인 자기실현상을 현실화시키기 어렵기 때문이다.

오늘 하루 에너지에 집중하라. 하루의 에너지가 파워인가 포스인가를 보면 그의 일주일, 한 달, 일 년, 그리고 그의 인생을 알 수 있다. 누구나 한 사람의 하루를 잘 들여다보면 그 사람의 미래를 예언할 수 있다. 오늘이 당신의 인생이다. 설령 실수했더라도 오늘 바로 잡으면 된다. 그러면 인생이 바로 잡힌다. 하루이기 때문에 자기관리가 쉽다. 오늘 하루의 파워에너지가 우주와 닿았을 때 우주의 무한한 에너지도 바로 끌어다 쓸 수 있다. 오늘 깨어 있는 당신의 자기실현인식이 당신의 인생을 아름답게 한다. 오늘 행복한가! 당신의 인생은 행복할 것이다.

행복한 오늘을 선택한 당신이 아름다운 인생으로 이끄는 위대한 선생이다.

하루의 가치와 의미

하루가 인생이다. 인생을 잘 살고 싶으면 하루를 잘 살면 된다.

루틴과 자기관리

하루관리의 핵심은 자신의 생각과 말, 감정, 행동 관리, 즉 자기관리이다.

오늘의 에너지와 미래

오늘 하루의 파워에너지가 우주와 닿았을 때 우주의 무한한 에너지도 바로 끌어다 쓸 수 있다.

"정말 살고 싶었던 두 번째 인생,

사랑, 일 그리고 아름다운 운명을 위하여!"

2035년 나에게 보내는 러브레터

사랑하는 2035년의 나에게,

안녕! 우선 이번 달 가족문화의 날에 제주도 여행 가서 이야기 나눴던 책, 그리고 불멍하면서 구워 먹은 고구마가 생각나네. 가족 단톡방에 올려놓은 사진 보니 우리가 진정으로 연결되었음을 느끼게 되더라.

딸 생일 때 임신 소식 전했잖아. 그때 94세 엄마가 제일 기뻐하시더라. 증손자를 보시는 게 낙이고 행복이시구나 생각했어. 이제 고혈압, 당뇨, 고지혈, 약 끊고 영양제 잘 챙겨 드시더니 그 연세에 정정하시잖아. 너도 귀찮다 하지 말고 잘 챙겨 먹고 운동도 꾸준히 하고. 건강 무너지면 삶이 어려워지는 거 잘 알잖니.

이번 GNY웰니스 줌 미팅에서 함께 정리했던 강의 콘텐츠도 너무 좋은 것 같아. 그대로 강의 올리면 될 것 같아. 함께 대화하면서 공감하고 교감하니 다들 멋진 아이디어들을 내더라고. 그리고 아파서 꼼짝도 못 하던 친구가 시니어 모델로 무대에 선 걸 보면 너무 보람 있어. 생계를 위해서만 일하는 것이 아니라 일을 통해 세상에 도움이 되니 이게 덕업일치의 삶 아니겠어.

지난주에 '책 읽어주는 할머니 도서관'에서 있었던 독서클럽 써클타임에서 엄마 손 놓고 손들었던 준이도 생각나. 엄마 뒤에 숨어서 있곤 했었는데 손들고 대답하는 모습 보니 넘 뭉클하더라. 준이 엄마도 기뻐서 눈물이 글썽거리던데…. 곧 엄마하고 잘 떨어져 혼자 들어올 것 같아~^^ 책 읽어주는 할머니로서 문화전달자의 역할을 잘한 것 같아 뿌듯하더라. 우리 이렇게 함께 도우며 계속해나가면 될 것 같아.

점점 봉사자와 기부자가 많아져서 요일제로 돌아가면서 진행해야 할 것 같아. 아니면 도서관을 더 넓혀야 할까? 아이들과 학부모들의 신청이 많아져 즐거운 비명을 지를 지경이지~^^

어제보다 오늘이, 오늘보다 내일이 기대되는 삶! 너무 신나지 않니~^^

2024년 12월 20일 조향연 보냄

내가 미리 그렸던 나의 자기실현상을 떠올리며 '10년 후의 나'에게 보내는 미래의 기억, 나에게 보내는 편지이다. 작년에는 '1년 후의 나'에게 보냈었는데 올해는 수명혁명 시대를 맞이해 나의 10년 후를 그려보았다.

수명혁명 시대에서 만나는 삶의 시간표

20	21	22	23	24	25	26	27	28	29
30	31	32	33	34	35	36	37	38	39
40	41	42	43	44	45	46	47	48	49
50	51	52	53	54	55	56	57	58	59
60	61	62	63	64	65	66	67	68	69
70	71	72	73	74	75	76	77	78	79
80	81	82	83	84	85	86	87	88	89
90	91	92	93	94	95	96	97	98	99
100	101	102	103	104	105	106	107	108	109
110	111	112	113	114	115	116	117	118	119

나의 나이는 몇 살인지 표기해 보기 (   )세

10년 후 나의 나이는 몇 살인지 표기해 보기 (   )세

앞으로 나에게 남은 미래의 시간을 적어보기 (   )년

이제 우리는 적어도 50년 이상을 더 살아내야 하는 수명혁명 시대에 살고 있다. 노년을 대비해야 한다고는 듣고 인지하고 있었지만, 대부분이 정신적으로나 신체적, 경제적으로 대비하고 있지 못한 것이 현실이다. 베이비붐 세대나 이전세대뿐만 아니라 386세대나 X세대들도 절감할 것이다.

이제 우리의 현재를 직시해야 한다. 더 오래 건강한 삶을 준비해야 한다. 웰니스는 나의 존재가치를 재발견하는 과정이다. 따라서 삶이라는 선생을 따라 자신의 삶을 다시 재설정해 보아야 한다.

이 책은 오십의 우리가 해야 할 고민에 대한 시작이 되었으면 하는 바람으로 썼다. 내가 그랬듯이 우리가 겪고 있을 고민에 깊이 공감하기 때문이다. 그러나 나는 이제 고민이 없다. 오히려 삶에 대한 기대와 희망으로 벅차고 그동안의 나의 노력과 기다림에 대한 보상인 것 같아 기쁘다. 나의 몫만 잘한다면 진짜 살고팠던 나의 세계에서 건강하고 행복하게 살 수 있음을 확신하기 때문이다.

지금까지 열심히 살았다면 이제부터는 제대로 살면 된다. 우리의 삶은 여전히 아름다운 가능성으로 가득하다. 오십이라는 나이는 끝이 아닌, 진짜 나를 만나는 새로운 시작의 나이이다. 사랑도, 일도, 그리고 운명도 더 이상 남 때문에 흘려보내는 것이 아니라, '나 자신'을 위해 다시 찾아 나서는 시간이다.

내가 그토록 원했던 삶이 무엇이었는지 기억하는가?
혹은 그동안 바쁘게 살아오느라 잊어버리지는 않았나?

이제는 타인의 시선과 평가에서 벗어나, '정말 살고 싶은 나의 삶'을 창조할 때이다.

일은 단순한 노동이 아니라 나의 존재를 완성하는 행복의 통로이며, 사랑은 나를 더 따뜻하게 하고 세상과 연결해주는 강력한 파워에너지이다. 나의 경험과 열정은 사라지지 않았다. 이제는 그 모든 것을 바탕으로 더 나다운 삶, 더 빛나는 운명을 만들어갈 차례이다.

이 책이 독자의 삶에 영감을 줄 수 있기를 바라며 함께해준 모든 분께 감사드린다. 끝으로, 이 책이 사랑하는 딸과 아들, 그리고 미래의 손자·손녀들에게 전해질 우리 가족의 문화유산 중 하나가 되길 소망해 본다.